Nina Deißler

So verlieben Sie sich richtig

Nina Deißler

So verlieben Sie sich richtig

Wie man seinen Traumpartner sucht und findet

humboldt

Bibliografische Information der Deutschen Nationalbibliothek
Die Deutsche Nationalbibliothek verzeichnet diese Publikation
in der Deutschen Nationalbibliografie; detaillierte bibliografische Daten
sind im Internet über http://dnb.ddb.de abrufbar.

ISBN 978-3-86910-452-2

Die Autorin: Nina Deißler gibt seit vielen Jahren Flirtkurse und bietet auf ihrer Internetseite und ihrem Blog www.kontaktvoll.de praktische Tipps für die Partnersuche. Sie gehört zu den gefragtesten Expertinnen von Radio- und TV-Sendern zum Thema Flirten und Verlieben.

Originalausgabe

Ein Imprint der Schlüterschen Verlagsgesellschaft mbH & Co. KG,
Hans-Böckler-Allee 7, 30173 Hannover
www.schluetersche.de
www.humboldt.de

Lektorat:	Redaktionsbüro Punkt und Komma, Nathalie Röseler, Pliening
Covergestaltung:	DSP Zeitgeist GmbH, Ettlingen
Innengestaltung:	akuSatz Andrea Kunkel, Stuttgart
Titelfoto:	Roman Sigaev/shutterstock
Satz:	PER Medien+Marketing GmbH, Braunschweig
Druck:	Artpress Druckerei GmbH, A-6600 Höfen

Gedruckt auf Papier aus nachhaltiger Forstwirtschaft.

Inhalt

Einleitung

Liebe Leser,
sind Sie auf der „Suche“ nach einer Partnerschaft? Möchten Sie sich endlich einmal wieder verlieben? Fühlen Sie sich einsam oder haben Sie einfach Sehnsucht nach Zweisamkeit und Liebe? Etwas in dieser Art wird es vermutlich sein, das Sie dazu gebracht hat, dieses Buch aufzuschlagen.
Seit vielen Jahren berate ich Menschen mit Partnerwunsch, gebe Kurse und Workshops in Sachen Flirten, Partnerschaft und Kommunikation und beschäftige mich mit den Aspekten der Partnersuche aus den unterschiedlichsten Blickwinkeln.
Der Buchmarkt hält Hunderte von Titeln zum Thema Partnerschaft und Partnersuche bereit. Viele davon sind sehr ausführlich oder beschäftigen sich mit der Optimierung von bestimmten Teilaspekten der Partnersuche. Dieses Buch gibt Ihnen schnell verständliche und dennoch fundierte Informationen zu allen wichtigen Aspekten Ihres Wunsches und wie Sie seiner Erfüllung näher kommen. Im Anhang oder in den jeweiligen Kapiteln nenne ich Ihnen weitere empfehlenswerte Bücher, falls Sie sich mit bestimmten Aspekten eingehender befassen möchten. Am Ende jedes Kapitels folgt eine kurze Zusammenfassung mit den wichtigsten Gedanken des jeweiligen Abschnittes.
Die folgenden Kapitel werden Sie dabei unterstützen,

- Ihre wahren Bedürfnisse zu erkennen;
- zu reflektieren, welche Art von Partner Sie sein können und wollen;

- zu erkennen, welche Art von Partnerschaft Sie anstreben;
- Ihren passenden Partner am richtigen Ort zu finden;
- zu erfassen, was Sie bei der Partnersuche erfolgreich macht.

Sie werden zahlreiche Übungen finden, die Ihnen Klarheit und Hilfe bieten, damit Ihr Wunsch nach einer Partnerschaft in Erfüllung gehen kann.
Füllen Sie die Übungen am besten zunächst mit einem Bleistift aus, damit Sie eventuell Korrekturen vornehmen können, oder kaufen Sie sich ein Notizbuch, in das Sie die einzelnen Übungen und Ihre Gedanken dazu eintragen. Dies ist ein sehr wichtiger Bestandteil des Prozesses: Vom Bücherlesen alleine ist noch niemand glücklich geworden, und Ihre wahren Bedürfnisse und die Hindernisse auf dem Weg zur Erfüllung werden Ihnen nur dann wirklich bewusst, wenn Sie sie vor sich sehen. Verstehen Sie dieses Buch als Trainingsprogramm, um einen Partner zu finden – nicht nur zu suchen! Sie werden überrascht sein, was Sie auch über sich selbst noch lernen können.
Nehmen Sie also einen Stift zur Hand und nutzen Sie dieses Buch als Chance auf ein glückliches Leben in einer liebevollen Zweisamkeit – und nicht nur als Zeitvertreib …

Ich wünsche Ihnen Liebe!
Nina Deißler

Neue Regeln für alte Spiele

Der Wunsch nach einem „Gefährten" ist wahrscheinlich so alt wie die Menschheit selbst. Und die Regeln für die Auswahl eines Partners und die Rollen in einer Partnerschaft blieben über Jahrhunderte, fast schon Jahrtausende, immer ähnlich. Doch in den letzten 50 Jahren hat sich viel verändert, diese Veränderung bringt neue Regeln mit sich – für ein uraltes Spiel. Wer das erkennt, ist bereits auf dem richtigen Weg.

Partnerschaft und Partnersuche heute

Alles, worauf die Liebe wartet, ist die Gelegenheit.

Miguel de Cervantes, Schriftsteller

Partnerschaft und Partnersuche haben in den letzten Jahrzehnten eine sehr starke Veränderung und damit eine folgenschwere Entwicklung durchlaufen:
Früher gab es für die meisten Menschen sehr wichtige und praktische Gründe für eine Partnerschaft beziehungsweise eine Ehe: gesellschaftliche Zwänge oder Anerkennung, Abhängigkeiten, Erfüllung von Erwartungen der Familie und noch vieles mehr, das man sich heute zum Teil kaum noch vorstellen kann. Über Jahrhunderte hinweg gingen Männer und Frauen Beziehungen ein, um besser leben zu können. Sie mussten sich

aufeinander verlassen können, um ihr Überleben zu garantieren: Essen, Sex, Kinder, ein Dach über dem Kopf, Sicherheit waren Grundbedürfnisse, die Paare zusammenhielten und Männer und Frauen in bestimmte Rollen zwängte.
Heutzutage gibt es in unserer Gesellschaft für zwei Menschen eigentlich nur noch einen Grund für eine Partnerschaft oder gar eine Ehe und das „Zusammenbleiben": die Liebe. Doch was genau ist das – die Liebe?

Das Mysterium der Liebe

Alle Menschen haben verschiedene Bilder, Gefühle und Erklärungen für die Liebe. Fragen Sie zehn Menschen nach einer Beschreibung oder einer Zeichnung von einer scheinbar einfachen Sache wie einem Stuhl: Sie werden sicher zehn verschiedene Beschreibungen hören oder sehen, die zwar einige Gemeinsamkeiten haben, aber ganz viele Variablen mit sich bringen.
Wie soll es dann erst sein bei etwas so Abstraktem, einem Gefühl wie der Liebe?
Psychologen sagen: Die Kindheit – vor allem die ersten sechs Jahre unseres Lebens – ist prägend für unser Verständnis von der Welt. Wir „lernen" durch Erleben und Beobachtung in der Kindheit – am meisten von unseren Eltern –, was „Liebe" bedeutet.
Doch „die große Liebe" und eine dadurch entstehende Partnerschaft fürs Leben war bis in die Generation der Nachkriegsgeborenen eher eine Seltenheit. Häufig hat man sich zum Beispiel für „eine gute Partie" entschieden. Sei es durch gesellschaftliche

Konventionen, Wünsche der Eltern oder eine geringe Auswahl an möglichen Partnern (damals gab es zum Beispiel kein Internet, viele Menschen blieben an dem Ort, an dem sie geboren wurden usw.). Nicht selten waren bis Mitte des 20. Jahrhunderts Ehen eher so etwas wie zweckgebundene Lebensgemeinschaften. Die Liebe kam mit der Zeit – oder auch nicht.

Wer seine Kindheit und Jugend vor 1968 verbracht hat, dem wurde folgende ganz klare Rollenverteilung vorgelebt: Der Mann ist der Herr im Haus, der Versorger und Beschützer. Die Frau ist die gute Hausfrau, die dem Mann den Rücken freihält, die Kinder zur Welt bringt und versorgt.

Als diese „Regeln" in Deutschland ab Anfang der 1970er-Jahre aufweichten, war das auch eine Art Befreiung. Die jedoch brachte auch viele Unsicherheiten mit sich: Das Regelwerk der klaren Rollenverteilung, das jahrhundertelang Gültigkeit besaß, wurde brüchig. Gefühle und das Streben nach Selbstverwirklichung – auch in der Partnerschaft – traten in den Vordergrund. Heute ist es nichts Außergewöhnliches und kein Makel mehr, geschieden zu sein. Eine Mutter kann sich entscheiden, ihr Kind alleine oder zumindest ohne die dauerhafte Anwesenheit des Erzeugers zu erziehen. Was heute relativ normal ist, war in meiner Kindheit (in den 1980er-Jahren) noch etwas Exotisches.

Mit all diesen Gegebenheiten, die für uns selbst unklar und für unsere Elterngeneration neu und damit gleichzeitig ungewohnt und überfordernd waren, sind die meisten von uns aufgewachsen und wurden geprägt.

Eltern als Vorbild und Ratgeber

Als Kinder gehen wir davon aus, dass das, was unsere Eltern uns vorleben, sagen und zeigen „richtig“ ist. Was die Eltern sagen und tun und wie sie mit dem Leben und der Liebe umgehen, ist die Realität, die Wirklichkeit. So ist das Leben – und so ist die Liebe. Selbst als Erwachsener fällt es uns schwer zu glauben, dass unsere Eltern in Sachen Liebe, Gefühle und Partnerschaft 1950, 1960, 1970 oder 1980 auch nicht schlauer waren als wir heute. Wie die Beziehung unserer Eltern verlaufen ist, hat jedoch großen Einfluss auf das, was wir heute in Sachen Partnerschaft und Liebe für „wahr“ und „richtig“ halten.

So kommt es, dass ein „Ich liebe dich“ für den einen Menschen die Erfüllung seiner Träume sein kann und ein warmes Gefühl der Geborgenheit auslöst und für einen anderen beklemmend ist und ein Gefühl von Abhängigkeit, Verpflichtung und Eingeengtheit bedeuten kann. Je nachdem mit welchen „Vorbildern“ er (oder sie) aufgewachsen ist.

Unsere Eltern konnten uns nur vermitteln, was sie selbst wussten. Sie waren und sind keine Liebesexperten und können uns keine Lösungen vermitteln bei Problemen, die es zu ihrer Zeit noch gar nicht gab oder die sie selbst nicht lösen konnten.

Liebe und Partnerschaft im 21. Jahrhundert

Manche Menschen scheinen eine regelrechte Phobie gegen eine feste Partnerschaft oder tatsächliche Nähe zu haben. Andere wiederum sind beständig auf der Suche, klagen über Einsamkeit und wirken, als seien sie kaum in der Lage, ihrem Leben ohne Partner einen Sinn geben zu können. So werden im Laufe

der Zeit Partnerschaftsformen und die dazugehörigen Partner „ausprobiert“, und doch scheinen fast alle Menschen davon auszugehen, dass man „Eine/n für immer und ewig“ finden müsse. Genau das macht uns dann bei der Auswahl so kritisch.
Viele Errungenschaften der Emanzipation und der modernen Gesellschaft sorgen dafür, dass Paare heute nicht mehr zusammenbleiben, „bis dass der Tod sie scheidet“:
Ein „Single“ wird von der Gesellschaft nicht mehr als „alte Jungfer“ oder „Junggeselle“ kritisch oder gar hämisch betrachtet.
Der Staat hat für Alleinerziehende Voraussetzungen geschaffen, auch ohne Partner mit Kindern leben zu können.
Heiraten ist nicht mehr erforderlich, um zusammenleben zu können. Frauen haben in Ausbildung und Beruf (fast) die gleichen Möglichkeiten wie Männer – und sind damit auch einkommenstechnisch nicht mehr unbedingt von ihnen abhängig. Ob das im Einzelfall nun gut oder schlecht ist, ist nicht die entscheidende Frage. Tatsache ist: So ist es, und wir müssen mit den Folgen zurechtkommen. Eine Folge davon ist, dass der durchschnittliche Deutsche im Laufe seines Lebens auch mit 30, 40 oder 50 Jahren (wieder) ohne Partner – und damit „Single – sein kann. Der Zustand des „Singles“, die Suche nach „der großen Liebe“ oder dem „Traumpartner“ ist somit eigentlich etwas relativ Neues.
Auch sind wir anspruchsvoller geworden, was die Gestaltung unseres Lebens und unserer Beziehungen angeht. Die Rollenverteilung in Partnerschaften zur gegenseitigen Deckung der Grundbedürfnisse reicht schon lange nicht mehr aus. Nur mit „lieben und ehren“ ist es scheinbar nicht mehr getan. Eine Frau soll durchaus Hausfrau und Mutter, Geliebte, Freundin,

Kameradin, soziales Bindeglied zu Freunden und Bekannten, eigenständige, beruflich erfolgreiche und emanzipierte Frau sein – und das am besten alles gleichzeitig. Der Mann ist nicht mehr nur der Beschützer und Versorger der Familie: Neben beruflichem Erfolg und Verdienst möge er sich an der Führung des Haushalts beteiligen, verständnisvoller Zuhörer, Geliebter, Freund und Visionär sein. Die meisten Menschen erwarten mehr von einer Partnerschaft, mehr vom Leben und mehr von sich selbst als noch vor 30 oder 40 Jahren. Warum glauben wir aber immer noch, dass wir nach den gleichen Methoden vorgehen und auswählen sollten wie vor 50 Jahren?

Neues Spiel? Neues Glück!

Es ist verwunderlich, dass auch heutzutage unsere Suche immer noch von Verhaltensweisen und Glaubenssätzen geprägt ist, die unter all den oben genannten Aspekten längst antiquiert sind.
Ich kenne einige Menschen, denen es regelrecht peinlich zu sein scheint, dass sie sich einen Partner wünschen. Sie möchten gerne Menschen kennenlernen, aber es soll ja nicht so aussehen, als wäre man „auf der Suche“. Und wehe, es versucht mich einer zu verkuppeln – igitt!
War es Ihnen ein bisschen peinlich, dieses Buch zu kaufen, oder haben Sie es gleich diskret im Internet bestellt?
Viele Frauen machen den Eindruck, als würden sie allen Ernstes erwarten, dass ihr Traumprinz eines Tages an der Tür klingelt. Und selbst dann würden sie ihn nicht erkennen und nur fragen, was dieser alberne Aufzug soll und warum da ein Pferd im Treppenhaus steht.

Doch auch bei den Männern sieht es nicht besser aus: Ein Bild vom letzten Kegelausflug und die Aussage, dass man(n) ehrlich, treu und zuverlässig sei und auf diesem Wege (Internet-Datingseite nach Wahl) nach einer natürlichen und schlanken Frau suche, hat ebenfalls noch keine Frau dahin schmelzen lassen!
Vor allem die Frauen haben heute andere Ansprüche an Ihren Partner und eine Partnerschaft – die Rolle des Mannes als „Versorger" und „Beschützer" ist kaum noch gefragt, weil die Frau sich inzwischen selbst gut versorgen kann und im Grunde nicht mehr beschützt werden muss. Dennoch spielen unsere Urinstinkte bei der Partnerwahl immer noch eine große Rolle. All das will verstanden und integriert werden.
Es gilt also, sich differenzierter mit der Partnersuche auseinanderzusetzen, damit aus dieser Suche schließlich auch ein Finden werden kann. Begreifen Sie diese Entwicklung als Chance: Nie hatten wir so viele Möglichkeiten und Freiheiten bei der Partnerwahl wie heute.

ZUSAMMENFASSUNG

- Sich verlieben, zusammenkommen und sich ausprobieren zu können, ist etwas „Brandneues" in der menschlichen Geschichte.
- Unsere Eltern haben selbst mit dieser Entwicklung gehadert und sind damit nur bedingt gute Ratgeber.
- Was Liebe für den Einzelnen bedeutet, basiert auf seinen Erfahrungen.
- Verwenden Sie keine antiquierten Denkmuster und Methoden für einen so wichtigen Lebensaspekt – und werden Sie realistisch!

Ich
liebe
Dich

Mein Partnerwunsch

Was wünschen Sie sich denn überhaupt in Sachen Partnerschaft? Wie stellen Sie sich Ihren Partner und Ihre Partnerschaft idealerweise vor, wenn es soweit ist? Sie wollen doch bestimmt nicht einfach nur „Irgendeine/n"? Beim Kauf eines neuen Autos machen wir uns viele Gedanken über unsere Bedürfnisse und Wünsche – und dabei ist es nur ein Auto! Bei der Wahl eines Partners folgen wir hauptsächlich unserem Gefühl. Da Gefühle und Gedanken sich gegenseitig beeinflussen, ist es sinnvoll, sich zunächst einmal den eigenen Partnerwunsch bewusst zu machen.

Was wollen Sie eigentlich?

Weil er an Wunder glaubt, geschehen auch Wunder. Weil er sich sicher ist, dass seine Gedanken sein Leben verändern können, verändert sich sein Leben. Weil er sicher ist, dass er der Liebe begegnen wird, begegnet ihm diese Liebe auch.

Paulo Coelho, Schriftsteller – Handbuch des Kriegers des Lichts

Sie wünschen sich einen Partner. Bewusst oder unbewusst haben Sie auch bereits bestimmte Kriterien, wie dieser Partner sein soll. Doch woher kommen diese Kriterien – und sind sie wirklich sinnvoll?

Die meisten Menschen, die mich für ein Coaching aufsuchen, sind auf der Suche nach einer Partnerschaft beziehungsweise einem Partner. Wenn ich meine Klienten frage, warum sie einen Partner suchen, ernte ich häufig zunächst verständnislose oder sogar ungläubige Blicke – so als würde ich fragen, warum der Mensch denn atmen würde. Dann jedoch ist eine klare Antwort auf diese eigentlich „blöde Frage" gar nicht so leicht zu finden oder zu formulieren.
Sind schließlich Antworten gefunden, sind diese häufig auch für den Klienten selbst nicht sehr befriedigend.

||| ÜBUNG

Bringen Sie selbst einmal zu Papier, warum Sie einen Partner suchen.
Nennen Sie sieben gute Gründe, die für eine Partnerschaft sprechen. Seien Sie dabei so spontan und so ehrlich wie möglich.

1. Geborgenheit
2. Sicherheit
3. jemand, der mich versteht
4. " , der mich liebt (ich bin [illegible])
5. Zärtlichkeit
6. Familie haben (Glück, Geborgenheit)
7. mein Mann!

Ich bitte Sie eindringlich, diese Gründe wirklich zu Papier zu bringen. Sehen Sie Ihre persönlichen Gründe vor sich aufgeschrieben und betrachten Sie sie in Ruhe – und schämen Sie sich nicht für Ihre Wünsche. Hier geht es um Sie!
Nun, wie zufrieden sind Sie mit Ihren Gründen, jetzt wo Sie sie vor sich sehen?
Überlegen Sie mal, woher diese Gründe kommen: Sind das Ihre eigenen oder sind es auch fremdbestimmte Gründe? Wie viel in unserem Leben akzeptieren und leben wir einfach, ohne es zu hinterfragen?

Praxisbeispiel:
Tanja war 39, als sie zu mir zum Coaching kam. Ihr Problem beschrieb sie so: „Ich finde einfach keinen Mann, der zu mir passt. Wenn ich mal einen gut finde, dann ist er es, der sich bald von mir trennt. Keine meiner Beziehungen in den letzten zehn Jahren hielt länger als sechs oder sieben Monate."
Ich fragte Tanja, wie viele Beziehungen oder Beziehungsversuche sie denn in den letzten zehn Jahren hatte. Das konnte sie mir nicht so genau sagen, es waren jedenfalls eine ganze Menge. Ich hakte nach, was das denn für Männer gewesen seien, und es stellte sich heraus, dass sie „fast alles" ausprobiert hatte, um herauszufinden, was oder wer zu ihr passt. Doch alle Männer hatten zunächst eines gemeinsam: Sie interessierten sich für Tanja und zeigten ihr das auch. Ich wollte wissen, wie sie denn lebe, und es stellte sich heraus, dass sie beruflich sehr engagiert ist, in ihrer Freizeit sehr aktiv und in viele Gruppen eingebunden, wo ein Partner eigentlich nicht fehlt.

Ich erkundigte mich, wie sie sich denn alleine zu Hause fühle, wenn sie mal nichts vorhabe. Die Antwort war verblüffend: Ach, da sei sie ganz froh, auch mal ihre Ruhe zu haben.
Daraufhin wollte ich wissen, warum sie denn eigentlich einen Partner suche und wofür sie ihn brauche? Sie schaute mich fast erschrocken an. Und sie konnte die Frage zunächst nicht beantworten, so verblüfft war sie. Ihr erster Erklärungsversuch begann mit: „Aber man muss doch …?"
Sie dachte wieder nach. Schließlich, nach einiger Zeit sagte sie mit einem dicken Kloß im Hals: „Meine Mutter und meine Schwester haben, als ich 30 wurde, Bemerkungen gemacht. Ich hatte mich damals gerade von einem Mann getrennt, mit dem ich sechs Jahre zusammen war, aber er hatte mir nicht gutgetan. Meine ältere Schwester war bereits einige Jahre verheiratet, und die beiden meinten, ich müsse jetzt aber aufpassen, dass ich keine alte Jungfer würde. Ich glaube, ich war ständig auf der Suche nach dem Richtigen und habe dabei wahllos nach jedem Strohhalm gegriffen, um ihnen zu beweisen, dass ich keine alte Jungfer werden würde. Dabei passierte immer dasselbe: Entweder der Mann nervte mich nach kurzer Zeit, weil wir einfach nicht zusammenpassten, oder ich fand ihn so toll, dass ich mich ihm total angepasst und an ihn geklammert habe – das kann ja nur schiefgehen."
Bei dieser Selbsterkenntnis brach sie zunächst in Tränen aus. Nachdem sie sich ausgeweint hatte, fragte ich sie, ob ihre Mutter und ihre Schwester denn glücklich verheiratet seien. Die Antwort war ebenfalls verblüffend: „Nein, überhaupt nicht! Meine Mutter ist bereits zweimal geschieden, sie

sucht sich immer Männer aus, die trinken, und auch meine Schwester ist überhaupt nicht glücklich in ihrer Ehe!" Daraufhin sagte ich ihr, dass sie entspannt sein könne. Mit fast 40 sei sie nun erwachsen genug, ihr eigenes Leben zu leben und ihre eigenen Prioritäten zu setzen.

Das Leben der anderen

Tanja war ein gutes Beispiel dafür, wie Menschen ihr Leben nach etwas ausrichten, das gar nicht zu ihnen gehört, und unter den Auswirkungen leiden.

Manchmal leben wir Dinge nach, die uns vorgelebt werden, ohne dass wir sie infrage stellen. Manchmal (und das ist fast noch schlimmer) leben wir aber auch nach dem Motto „Das gerade nicht!" oder „Denen werde ich es schon zeigen", ohne zu merken, dass wir vor allem uns selber überhaupt nicht guttun.

Als Tanja aufhörte, beweisen zu wollen, dass sie sehr wohl einen Mann finden könne, entspannte sie sich zusehends. Sie beschäftigte sich mit ihren eigenen Bedürfnissen und merkte, dass sie im Moment gar nicht bereit war für eine Partnerschaft. Sie entschloss sich zu einer Therapie, um ein paar Dinge in Ihrem Leben „aufzuräumen", und sich erst dann wieder „auf die Suche" zu begeben, wenn sie selbst sich bereit fühlt und auch „eigene gute Gründe" für eine Partnerschaft hat.

Haben Sie sieben Gründe für eine Partnerschaft gefunden, die Ihre eigenen sind?

ÜBUNG

Konzentrieren Sie sich einen Moment. Gehen Sie in sich und versuchen Sie sich vorzustellen, Sie sind ein Mensch, der für Sie selbst als Partner infrage kommt. Sie sind ein Traumpartner. Sie sind das Date, das Sie schon immer haben wollten. Versuchen Sie sich vorzustellen, dass also jemand wie Sie (der Traumpartner) Ihnen (dem Partnersuchenden) gegenübersitzt und Ihnen (dem Traumpartner) die von Ihnen (dem Partnersuchenden) oben genannten Gründe nennt, warum er mit Ihnen (dem Traumpartner) zusammen sein möchte.
Was sagt der Traumpartner in Ihnen dazu? Sind die Gründe überzeugend?

Nun können Sie natürlich sagen, dass ein potenzieller Traumpartner ja diese Gründe nicht hört, dass er (oder sie) sicher auch eigene Gründe hat und vieles mehr. Stellen Sie sich einfach mal vor – ganz gleich, welche sieben Gründe Sie aufgeschrieben haben, egal, ob Sie diese vortragen oder nicht –, Ihre Antworten schwingen mit. Sie steuern Sie in jedem Gespräch, bei jedem Flirt, bei jedem Date, in jeder Beziehung.
Wenn Sie sich also in die Rolle Ihres potenziellen Traumpartners versetzen, fragen Sie sich: Würden mich meine eigenen Gründe überzeugen, wenn ich selbst (m)ein „Traumpartner" wäre? Was würde ich fühlen, wenn mir jemand meine eigenen Gründe nennen würde?
Wenn wir über unsere Gründe nachdenken, gehen wir häufig von unseren Bedürfnissen (oder was wir eben dafür halten)

aus. Dementsprechend höre ich von meinen Klienten sehr häufig Gründe wie zum Beispiel:

- Weil ich nicht alleine sein möchte.
- Weil man in einer Partnerschaft immer jemanden zum Reden hat.
- Weil ich endlich „zur Ruhe kommen" möchte.
- Weil ich immer sehr viel für andere tue und endlich auch mal jemanden haben möchte, der etwas für mich tut.
- Weil ich gerne für jemanden da sein möchte, wenn er mal Probleme hat.
- Weil ich möchte, dass jemand für mich da ist, wenn es mir schlecht geht.
- Weil ich geliebt werden möchte.
- Weil in einer Partnerschaft vieles leichter ist.
- Weil es mit 30, 40, 50 doch endlich „Zeit" wird.
- Weil ich Kinder haben möchte.
- Weil ich gerne regelmäßig Sex hätte.

Nur äußerst selten hat ein Klient mir etwas erzählt wie:
Ich wünsche mir einen Partner,

- weil ich mein Herz jemandem öffnen möchte;
- weil ich so viel zu geben habe, was ich gerne jemandem schenken möchte;
- weil ich gerne glücklich bin und gerne jemanden glücklich machen möchte;
- weil ich ein wunderbares, schönes und aufregendes Leben führe, das ich gerne mit jemandem teilen möchte;

- weil ich es liebe, Menschen eine Freude zu machen, und es ganz besonders schön ist, wenn es die Person ist, die man liebt und mit der man lebt;
- weil ich ein guter, liebevoller und verständnisvoller Partner sein kann und mir den passenden Menschen dazu wünsche;
- weil ich mich gerne von meiner Liebe inspirieren lassen und selbst inspirieren möchte;
- weil Liebe das Schönste auf der Welt ist.

Es ist nicht weiter verwunderlich, dass ich oben genannte Beispiele in meiner Praxis kaum höre. Menschen, die solche Gründe für ihren Wunsch nach einem Partner und einer Partnerschaft angeben können, gibt es zwar – aber sie suchen mich nicht auf. Weil diese Menschen meine Hilfe in der Regel nicht brauchen.
Nun müssen Sie aber den Kopf nicht hängen lassen, falls Ihre sieben Gründe bisher keine besonders guten „Verkaufsargumente" sind. Vergessen Sie nicht, dass ein anderer Mensch, der sich für Sie entscheiden soll, ebenfalls Bedürfnisse hat – genau wie Sie. Machen Sie sich daher bitte auch klar, dass Ihre Bedürfnisse und Ihre Gründe für den Wunsch nach einer Partnerschaft auch Blockaden, Ängste und Verhaltensweisen auslösen können, die der Erfüllung Ihres Wunsches im Weg stehen – doch genau dem können Sie begegnen.
Viele Menschen wünschen sich eine Partnerschaft, weil sie glauben, dass sie mit einem Partner glücklicher wären. Zu mir kommen daher viele Menschen nicht deshalb, weil sie keinen Partner haben, sondern weil sie nicht glücklich sind und glauben (oder hoffen), dass ein Partner das ist, was ihnen zum Glück fehlt.

Leider kennen wir alle viele Menschen, die in einer Partnerschaft leben und doch nicht glücklich sind. Der Schlüssel ist also offenbar nicht die Partnerschaft oder der Partner an sich …
Eine befriedigende Beziehung fällt nicht vom Himmel, aber man kann etwas dafür tun. Wenn Sie sich einsam fühlen, fehlt Ihnen vielleicht nicht nur ein Partner, sondern gleich mehrere: Beziehungen können vielerlei Art sein, wie zum Beispiel die Beziehung zu einem Freund oder einem Geschäftspartner oder auch einem Geliebten.
Der amerikanische Therapeut John Selby hat in Gesprächen mit Klienten acht grundlegende Bedürfnisse beschrieben, die bei jedem Menschen unterschiedlich ausgeprägt vorhanden sind und durch Beziehungen befriedigt werden. Vielleicht werden bei Ihnen einige dieser Bedürfnisse in bereits bestehenden Beziehungen befriedigt – andere jedoch sind unerfüllt. Nehmen Sie sich einen Moment Zeit, um über diese Bedürfnisse und deren persönliche Bedeutung für Sie nachzudenken:

- Die zum Überleben notwendigen Grundbedürfnisse (Nahrung, Wohnung, Kleidung) erfüllen Sie hoffentlich selbst – oder brauchen Sie dafür einen Partner?
- Ein guter beruflicher Partner: ein guter Chef, ein Geschäftspartner, mit dem Sie hervorragend zurechtkommen, einen guten Kollegen oder eine Kollegin.
- Das Verlangen nach Sex.
- Das Bedürfnis nach Intimität und körperlicher Nähe (*ja, das sind tatsächlich zwei unterschiedliche Dinge*).
- Der Wunsch nach einer Familie, familiärer Bindung und Halt.

- Die Sehnsucht nach echter Freundschaft (Kameradschaft, aber auch ehrliche, tiefe Gespräche, Geheimnisse teilen, Gefühle besprechen etc.).
- Die Sehnsucht nach emotionaler Entwicklung: Hemmungen überwinden, Ängste ablegen – ein Freund, bei dem wir auch wütend sein, schreien oder weinen dürfen, der auch negative Emotionen akzeptiert.
- Das Verlangen nach einem geistigen (spirituellen) Lehrer/Freund – jemandem, der uns helfen kann, unser Bewusstsein und Verständnis von der Welt und den Menschen weiterzuentwickeln.

Je unerfüllter diese Beziehungsbedürfnisse bei einem Menschen sind, desto einsamer fühlt er sich und desto wichtiger wird für ihn die Partnersuche – doch ist es gerade für diese Menschen besonders schwer, weil sie von einem potenziellen Partner so viel erwarten und so viele Sehnsüchte und Bedürfnisse in ihn projizieren, dass das Gegenüber schnell überfordert ist und das Weite sucht.
Ein Partner kann und sollte selbstverständlich mehrere dieser Bedürfnisse in einer Person erfüllen. Es ist sicher eher unüblich und nicht unbedingt empfehlenswert, wenn ein fester Partner zwar das Bedürfnis nach Intimität und Nähe mit Ihnen teilt, aber das Verlangen nach Sex bei einer anderen Person gestillt wird. Wenn eine Partnerschaft jedoch alle Ansprüche und Beziehungsbedürfnisse erfüllen soll, ist der Partner schnell überfordert.
Eine Partnerschaft kann nicht das alleinige Lebensziel sein: Niemand möchte mit jemandem zusammen sein, nur weil

diese Person einsam ist. Gibt es aber zu viele „Baustellen" in Ihrem Leben, macht es vielleicht sogar Sinn, das Thema Partnerschaft für ein paar Monate nach hinten zu stellen, bis Sie andere Themen geklärt oder im Griff haben: Vielleicht sind Sie nicht glücklich mit Ihrer Arbeit oder Sie suchen noch nach einer Stelle, vielleicht gefällt Ihnen Ihre Wohnsituation nicht? Wie sieht es mit Freunden und Familie aus?

ÜBUNG

Machen Sie sich Ihre Situation ebenfalls einmal in Stichpunkten schriftlich bewusst.
Tragen Sie zunächst in kurzen Stichworten bei allen Lebensthemen den „Istzustand" ein. Machen Sie sich dann ein paar Notizen, was Sie im jeweiligen Lebensthema in absehbarer Zeit verändern, verbessern und erreichen möchten, und vergeben Sie dann Prioritäten (A = sehr wichtig und dringend, B = sehr wichtig, C = weniger wichtig, D = nicht so wichtig)

Lebensthema	Istzustand	(realistischer) Wunschzustand	Priorität	
Liebe	alleine	Paar sein	A	
Beruf	super	–	–	
Finanzen	okay	mehr sparen	C	
Gesundheit	gut	Nagelpilz	C	
Familie & Freunde	geht	öfter sehen!	A	xx
Wohnen & Leben	ok	Umzug	C	
Sonstiges Hobbies	ok	mehr Zeit, dafür!	C	

Je nachdem, wie Sie nun Ihre Prioritäten gesetzt haben, bedürfen momentan vielleicht andere Lebensbereiche noch mehr Aufmerksamkeit als die Liebe. Wenn Sie nahezu alle Lebensbereiche mit einem Veränderungswunsch und Priorität A oder B gekennzeichnet haben, sollten Sie sich Hilfe holen bei der Neuordnung Ihrer Angelegenheiten.

Ganz gleich, wie Ihre Prioritäten aussehen: Sie sollten bei allem, was Sie tun, immer darauf bedacht sein, Kontakte zu knüpfen und Menschen kennenzulernen. Erweitern Sie Ihren Bekanntenkreis, nicht nur unter dem Aspekt Ihres Partnerwunsches!

Befreien Sie sich zunächst aus der Einsamkeit, oder verlassen Sie altbekannte Pfade und erweitern Sie Ihre Kreise: Kontakte – Freunde und Bekannte – machen vieles im Leben leichter. Sei es ein Rat oder ein Tipp, den Sie gebrauchen können, ein Hinweis auf eine Wohnung oder eine freie Stelle, Hilfe beim Umzug, Zerstreuung in der Freizeit oder ein offenes Ohr: Freunde und Bekannte sind wichtig und hilfreich in jeder Lebensphase.

Wenn Sie bei jeder Begegnung mit einer Person des anderen Geschlechts denjenigen direkt unter dem Aspekt „potenzieller Partner" betrachten, klassifizieren und mit Ihren Bedürfnissen, Wünschen und Ängsten in Verbindung bringen, entgeht Ihnen vieles im Leben, dass es auch (vorerst) ohne einen festen Partner lebenswert machen könnte.

Wenn Sie also ein Mensch mit nur wenigen Freunden und Bekannten sind, ändern Sie das, während Sie Prioritäten für Ihr Leben bestimmen. Steht die Liebe an erster Stelle, dann

legen Sie los: Begeben Sie sich auf die Reise zum Traumpartner – zu Ihnen selbst!
Werden Sie selbst zu einem Traumpartner, anstatt bedürftig nach einem zu suchen!

||| ZUSAMMENFASSUNG

- Betrachten Sie die Gründe, die Sie für eine Partnerschaft haben. Bewerten Sie, ob es wirklich Ihre eigenen Gründe sind.
- Erforschen Sie Ihre Lebensbereiche nach wichtigen Themen und setzen Sie Prioritäten.
- Lernen Sie Menschen kennen und knüpfen Sie Kontakte, suchen Sie nicht nur nach einem potenziellen Partner.

Was für eine Partnerschaft wünschen Sie sich?

Die gegenwärtige Situation eines Menschen ist das genaue Spiegelbild seiner Glaubenssätze.

Anthony Robbins, Erfolgstrainer und Bestsellerautor

Ganz gleich, ob Sie bisher noch nie, nur wenige oder bereits mehrere Partnerschaften hatten: Es lohnt sich zunächst einmal anzuschauen, welche Art Partnerschaft Sie (bisher) suchten und welchen Mustern Sie dabei folgten, um einen Partner zu finden, der wirklich zu Ihnen passt und Ihnen nicht „mehr Leid als Freud“ beschert.

ÜBUNG

Machen Sie sich zunächst eine Liste mit mindestens zehn Punkten, welche Wünsche und „Anforderungen“ Sie an einen Partner und eine Partnerschaft haben:

Was wünschen Sie sich? Wie muss ein Mensch sein, um für Sie als Partner infrage zu kommen? Was muss er oder sie haben? Was ist Ihnen am wichtigsten an einer Partnerschaft?

1. guter Zuhörer
2. an mir interessiert – fragt viel
3. [illegible], sehr liebevoll
4. achtet auf mich, aufmerksam
5. wünscht sich Familie
6. hat die gl. Werte: Familie, Kinder, Freunde
7. ist idealistisch
8.
9.
10.

...

Und nun überlegen Sie sich bitte zu jedem Punkt:

Warum wünsche ich mir das? Woher oder wie entstand diese Anforderung?

Ist das tatsächlich mein eigener Wunsch oder wird dadurch eine Anforderung befriedigt, die andere an mich haben?

Ist wirklich mein Partner dafür verantwortlich, dass dieser Wunsch erfüllt wird, oder liegt es (auch) an mir?

Werden Sie sich bewusst, dass auch Sie selbst durch Ihr eigenes Verhalten und Ihr geistiges Vermögen sehr viel dazu beitragen,

dass diese Wünsche und Anforderungen an einen Partner und eine Partnerschaft erfüllt werden können – oder eben nicht.
Es bringt nichts, sich einen Partner zu wünschen, mit dem man sich auch streiten kann, wenn Sie selbst konfliktscheu sind. Wenn Sie sich eine zärtliche, innige Partnerschaft wünschen, müssen Sie selbst in der Lage sein, Zärtlichkeit zu geben und Ihren Wunsch nach Intimität zu kommunizieren und zu leben. Kein Partner und keine Partnerschaft können etwas ersetzen oder herbeizaubern, zu dem Sie selbst nicht fähig sind.

Verabschieden Sie unglückliche Beziehungsmuster!

Wenn Sie Ihre bisherigen Beziehungen und Beziehungswünsche einmal genauer betrachten, fällt Ihnen womöglich auf, dass einige davon gar nicht von einem Partner erfüllt werden können, wenn Sie selbst nicht die Grundvoraussetzungen dafür schaffen. Jede Beziehung, die Sie bisher in Ihrem Leben hatten (damit sind nicht nur Liebesbeziehungen gemeint), kann Ihnen helfen, herauszufinden, wer Sie sein möchten. Begreifen Sie daher jede Beziehung – auch gescheiterte – als Lernchance, nicht als Gefahr, die Ihnen Niederlagen beschert oder die man meiden muss.
Vor allem aus der Wahl unserer (bisherigen) Partner können wir viel über unsere eigenen Wünsche an uns selbst lernen.

Hier ein paar Beispiele für häufige Beziehungsmuster:

Komplettierung

Man wählt einen Partner, der etwas kann oder ist, das ich selbst gerne wäre. Die Faszination liegt darin, dass man hofft, von dem anderen etwas „abzubekommen“ und sich gemeinsam irgendwo in der Mitte einpendelt, also beide Partner sich in ihrem Können oder Sein annähern. Das geht sehr häufig schief, da in vielen Situationen einer, meist sogar beide, „den Kürzeren ziehen“.

Überlegenheit

Man wählt einen Partner, dem man überlegen ist, weil man zum Beispiel gebildeter ist, sein Leben besser im Griff hat oder sozial höher steht. Man wird vom Partner bewundert, ohne große Mühen auf sich nehmen zu müssen. Außerdem fühlt man sich gut, weil man jemanden liebt, der es ja nicht so leicht hat(te) wie man selbst und diesen Menschen trotzdem an seiner Seite „duldet“. Leider wird eine solche Konstellation sehr bald langweilig, weil man sich selbst und auch dem Partner nicht wirklich die Chance gibt, innerlich zu wachsen. Wächst der Partner aus eigener Anstrengung, fühlt man sich schnell schlecht und unterlegen.

Helfersyndrom

Man wählt einen Partner, der in Schwierigkeiten steckt, drogen- oder alkoholsüchtig ist oder Ähnliches und versucht, diesem Menschen mit seiner Liebe zu helfen. Das wirkt zwar im ersten Moment sehr romantisch, hat aber ähnliche Züge wie der Wunsch nach Überlegenheit: Ich fühle mich besser, ich bin besser, wenn ich jemanden wähle, dem es schlecht geht und ich ihm oder ihr helfen kann. Der Partner wird damit im Grunde missbraucht als Mittel zur Erhöhung des Selbstwertgefühls.

Distanzbeziehung

Man verliebt sich am liebsten und grundsätzlich am meisten in Menschen, die unglücklicherweise am anderen Ende des Landes leben. Seitenweise E-Mails, stundenlanges Chatten, lange Telefonate ersetzen die direkte Anwesenheit des Partners, das Zusammenleben konzentriert sich auf Urlaube und Wochenenden. Das kann auch sehr bequem sein, vor allem für Menschen, die Schwierigkeiten mit echter Nähe haben. Bei einer Distanzbeziehung erlebt man Nähe in kleinen, regulierbaren Häppchen. Montag bis Donnerstag lebt man so, wie man es immer getan hat, nur dass man am Abend (auf Wunsch) eine vertraute Stimme hört, die einem sagt, dass man geliebt wird. Man sieht sich am Wochenende und zeigt sich von der besten Seite – und falls das schwerfällt, ist es ja spätestens übermorgen wieder vorbei. Sollte dies der Lebensentwurf beider Partner sein – wunderbar. Doch meist hat einer von beiden irgendwann keine Lust mehr auf die Teilzeitpartnerschaft.

Unerreichbarkeit

„Er ist verheiratet, aber schon lange nicht mehr glücklich." Oder „Sie steht in der Öffentlichkeit, deshalb können wir uns nur heimlich treffen." Wenn ein Mensch ganz besonders interessant ist, wenn er nahezu unerreichbar ist beziehungsweise nicht für eine feste Partnerschaft zur Verfügung steht, lohnt es sich darüber nachzudenken, ob man überhaupt bereit ist für eine feste Beziehung, in der man beim Partner die erste Geige spielt. Auch die wiederholte Wahl von Partnern, die offenbar nicht bindungswillig sind, gehört zu diesem Muster: „Natürlich liebt er/sie mich, ganz bestimmt, hoffe ich ..." Schafft man es letztlich doch, den Unerreichbaren zu erreichen, hat man etwas wirklich Großes vollbracht, und die Liebe ist nun endlich auch etwas wert. „Ich selbst bin endlich etwas wert, ich habe jemanden wirklich erobert." Schade nur, dass dieses Gefühl nicht lange hält und der nun „Eroberte" den Reiz der Unerreichbarkeit verloren hat und zu einem ganz normalen Menschen mit Bedürfnissen, Macken und Gewohnheiten wird.

Unterlegenheit

Man sucht sich einen Partner, der – nein, nicht überlegen ist, sondern – sich schlecht verhält. Manche Menschen fühlen sich besonders zu Menschen hingezogen, die sie nicht liebevoll und wertschätzend behandeln. Sie lieben Menschen, die sie für ihre Probleme verantwortlich machen, ihnen untreu sind oder sogar Gewalt antun oder sie bestehlen. Oft steckt dahinter ein Gefühl von Minderwertigkeit, das Gefühl nichts Besseres verdient zu haben. Manchmal jedoch auch ein tragisches Märtyrerdenken, dass der Liebende, der all das erträgt, besonders stark liebt und besonders viel wert ist, weil er alles erträgt.

Freizeitgemeinschaft

So richtig gefunkt hat es zwar nie, aber man kennt sich schon länger und hat so viel gemeinsam. Man ist sich so einig, man liebt dieselben Dinge und fernsehen ist viel schöner, wenn man es nicht alleine tut. Leider sind Beziehungen, die nur aus der Vermeidung von Einsamkeit und Langeweile entstehen, in aller Regel recht brüchig und bieten den jeweiligen Partner nur wenig Möglichkeiten für Wachstum innerhalb der Beziehung.

Sexbeziehung

Eigentlich ist er ein totaler Idiot und Sie hätten sich schon längst von ihm getrennt ... wenn er nur nicht so unglaublich gut im Bett wäre? Denken Sie mal darüber nach, wie viele gute Partner Sie vermutlich nicht einmal bemerkt haben, weil Sie sich 90 Prozent Ihrer Beziehung schönreden mussten, nur weil der Sex befriedigend war. Meist passiert das Menschen, die in den ersten Jahren keinen, sehr wenig oder sehr unbefriedigenden Sex mit einem Partner hatten und sich nicht vorstellen können, dass erfüllte Sexualität mit vielen Menschen möglich ist – auch mit einem, der wirklich zu Ihnen passt.

Dr. Jekyll und Mr. Hyde

Am Anfang sieht alles wunderbar aus – doch von Woche zu Woche wird der Partner seltsamer. Anfängliche Sonderlichkeiten, die man in der Verliebtheit zunächst akzeptiert, nehmen immer skurrilere Züge an. Der anfängliche Traumpartner entpuppt sich auf wundersame Weise nach einiger Zeit als Psychopath(in), Stalker oder schlichtweg die Hölle auf Erden. Na, haben Sie etwas davon wiedererkannt?

Sicher haben Sie in Ihrer Vergangenheit auch noch andere oder ähnliche, vielleicht schwächer ausgeprägte Beziehungsmuster er- und durchlebt. Häufig ist es dann die Angst, der Gedanke „Bloß das nicht wieder", der uns überkritisch, ängstlich oder misstrauisch werden lässt. Und damit leider auch vielleicht genau den Menschen abschreckt, der zu uns passen könnte.

Wie können Sie Ihre Muster „knacken"?

Betrachten Sie noch einmal Ihre Liste und vergleichen Sie Ihre Wünsche mit den bisherigen Erfahrungen. Überlegen Sie, ob Sie selbst etwas an sich und Ihrem Verhalten und Ihrem Denken verändern können, welche Konflikte wiederholt auftauchen und wie Sie sich ihnen stellen können.
Wenn Sie gleiche Muster entdeckt haben, lesen Sie nach Möglichkeit auch weitere Literatur zu diesem Thema (eine Liste mit empfehlenswerten Büchern folgt im Anhang) und besprechen Sie sich auch mit guten Freunden dazu. Suchen Sie vielleicht einen Coach oder einen Therapeuten auf, der das Thema mit Ihnen bespricht, das kann sehr hilfreich sein.
Ist Ihre Liste geprägt von Wünschen, die aus der Intention stammen, etwas Erlebtes oder etwas, das Sie befürchten, verhindern zu wollen? Was möchten Sie stattdessen erreichen?
Kein Mensch ist von Grund auf schlecht oder möchte einen anderen bewusst schlecht behandeln. Beziehungen bestehen immer aus zwei Menschen, die in ihrem Zusammenleben eine eigene Dynamik entwickeln, die aus den Problemen, Ängsten und Bedürfnissen, die man in diese Beziehung mitbringt, entsteht.
Der Psychoanalytiker Prof. Dr. med. Michael Lukas Moeller beschreibt in seinem Buch „Wie die Liebe anfängt", wie der erste Akt einer Begegnung mit einem Menschen eine Beziehungsstruktur bildet: „Begegnen sich Zwei und verlieben

sich ineinander, dann werden bei beiden durch blitzschnelle Oszillationen („*Schwingungsübertragung*") ganz bestimmte, lebensgeschichtlich erworbene Beziehungsvalenzen mobilisiert und verknüpft. Es entsteht ein gemeinsames Unbewusstes innerhalb einer Beziehungsstruktur, als deren zentrales Zeichen das neu aktualisierte Selbst des einen und des anderen gelten kann. Mit einem anderen Partner sähe mein Selbst anders aus, weil es anders aktualisiert wäre und sich anders entwickelte. Frau und Mann, die sich etwas bedeuten, bilden also eine Art seelisches Magnetfeld aus, dessen Dipol sie selbst darstellen. Bewegt sich etwas in einem, ist der andere immer mit betroffen."

Vielleicht kennen Sie die Aussage von einem glücklichen Paar, wenn einer über den anderen sagt: „Er (oder sie) bringt das Beste in mir hervor." Leider funktioniert das eben auch umgekehrt, man kann ganz unbewusst die schlechten Seiten eines Partners hervorbringen.

Wir existieren immer in Beziehung zu anderen und in Interaktion mit anderen. Wir agieren und erfahren darauf Reaktion. Wir erleben etwas, interpretieren es aufgrund unserer Verfassung und Erfahrung und reagieren entsprechend. Deshalb ist es sehr wichtig, nicht ausschließlich andere für schlechte Erfahrungen in Ihrer Vergangenheit verantwortlich zu machen, sondern aus den eigenen Fehlern zu lernen: Anderes Verhalten ruft andere Reaktionen hervor. Andere Gedanken ermöglichen anderes Verhalten …

||| ÜBUNG

Setzen Sie sich neue Ziele: Versuchen Sie nicht, alte Fehler oder wiederkehrende Muster zu vermeiden, sondern denken Sie darüber nach, was Sie stattdessen haben oder erreichen möchten:

Bisher wollte ich vermeiden:

Partner zu haben, mit dem ich nicht reden kann, der nicht passt

Ich möchte erreichen:

Einen liebevollen, aufmerksamen Partner finden

Konzentrieren Sie sich jetzt auf das, was Sie erreichen möchten. Sehen Sie es vor Ihrem geistigen Auge und versuchen Sie, sich in die Situation, die Sie sehen, hineinzufühlen.

Machen Sie diese Übung zu einer Standardübung, bevor Sie zum Beispiel abends schlafen gehen: Legen oder setzen Sie sich entspannt hin und fühlen Sie sich in Ihre neue Beziehung hinein. Wie möchten Sie behandelt werden und wie möchten Sie Ihren Partner behandeln dürfen? Wie möchten Sie sich fühlen können? Was haben Sie an inneren Werten, an Liebe zu geben, zu verschenken?

Warum ist diese Übung so wichtig?

In unserem Alltag vergessen wir häufig, worauf es wirklich ankommt. Wir werden leicht beeinflusst von anderen, verlieren uns in Hektik oder Langeweile, vergessen uns selbst und spüren eher das Leid, die Einsamkeit, schlechte Gedanken und Gefühle. All das jedoch entfernt uns von unserem besten Selbst, von der Liebe und von einem potenziellen, liebevollen Partner. Was wir uns nicht vorstellen können, können wir auch nicht erreichen. Deshalb ist es sehr wichtig, dass Sie sich Ihre Liebe und Ihre Partnerschaft vorstellen können. Im Sport nennt man das „Mentaltraining".

Mentaltraining für die Liebe

Nur um Ihnen zu zeigen, was man mit Mentaltraining alles erreichen kann:

Machen Sie doch bitte einmal folgende kleine Übung:
Stellen Sie sich in die Mitte des Raums und strecken Sie Ihren rechten Arm aus. Deuten Sie mit Ihrem Finger geradeaus auf eine Stelle an der Wand und folgen Sie mit den Augen Ihrem Finger. Drehen Sie nun Ihren Oberkörper nach links und nehmen Sie Ihren Arm wie einen Wegweiser mit. Drehen Sie sich so weit Sie können! Merken Sie sich die Stelle, auf die Sie gedeutet haben.
Und nun tun Sie bitte Folgendes: Gehen Sie jetzt bitte in Gedanken diese Bewegung, diese Drehung, noch einmal durch. Stellen Sie sich dabei aber vor, dass Sie sich noch viel weiter drehen könnten. Zum Beispiel, dass Ihr Oberkörper in der Lage ist, sich auf Ihrem Becken um 360 Grad zu drehen, weiter und weiter und weiter – bis Sie fast wieder an dem Punkt angekommen sind, an dem Sie begonnen haben. Machen Sie das in Ihren Gedanken mehrere Male.

Machen Sie nun die Drehung tatsächlich noch einmal und schauen Sie, wohin Ihr Finger jetzt zeigt.
Wenn Sie alles richtig gemacht haben, werden Sie jetzt ziemlich überrascht sein, nicht wahr?
Wie viel weiter sind Sie gekommen als vorher? Vermutlich ein sogar recht bemerkenswertes Stück. Und das nur, weil Sie sich jetzt vorgestellt haben, dass Sie weiter kommen … Hier geht es nur um eine kleine Körperdrehung! Stellen Sie sich einmal vor, was das für den Rest Ihres Lebens bedeuten kann! Stellen Sie sich vor, was das für Ihre Möglichkeiten in einer Partnerschaft bedeutet: Sie können mehr und Sie bekommen mehr, wenn Sie es sich vorstellen können! Gehen Sie also noch einmal zurück zur Übung zu dem Punkt „Ich möchte erreichen" und stellen Sie sich Ihre Wünsche konkret vor.

ZUSAMMENFASSUNG

- Die Wünsche und Anforderungen, die Sie an einen Partner und eine Partnerschaft haben, haben viel mit Ihnen selbst und mit Ihren Erfahrungen aus der Vergangenheit zu tun.
- Sie selbst sind verantwortlich dafür, dass Ihre Wünsche erfüllt werden können.
- Unglückliche Beziehungsmuster können nicht einfach durch die Wahl eines neuen Partners vermieden werden, arbeiten Sie an sich selbst und sprechen Sie mit Freunden oder Beratern darüber, wie Sie Muster auflösen können, die nicht mehr hilfreich für Sie sind.
- Sie können nur erreichen, was Sie sich vorstellen können. Beginnen Sie, sich Ihre Liebe und Ihre Partnerschaft vorzustellen.

Was hat Sie bisher gehindert?

Wenn wir an Scheitern denken, so scheitern wir.
Wenn wir unentschlossen bleiben, bleibt alles beim Alten.
Wir müssen Großes vollbringen wollen und es einfach tun.
Niemals denkt an Misserfolg – denn so, wie wir jetzt denken,
erfüllt sich alles. Maharishi Mahesh, Yogi

Was hat Ihrer Meinung nach bisher verhindert, dass Sie in einer glücklichen Partnerschaft leben? Einige Gründe scheinen ganz offensichtlich – andere kommen Ihnen vielleicht gar nicht direkt in den Sinn. Lassen Sie uns noch ein wenig Detektivarbeit leisten, um in Zukunft bessere Voraussetzungen schaffen zu können.

Die Tatsache, dass Sie momentan keinen Partner haben, ist kein Zufallsereignis und auch kein Zeichen dafür, dass Sie in der „Liebeslotterie" nur Nieten ziehen.

Ihre jetzige Situation entstand in dem Bereich, in dem sich Ihr Schicksal gestaltet: in Ihnen selbst! Ganz gleich, warum oder wie lange Sie gerade Single sind: Es ist Ihre eigene Schuld!

Werfen Sie jetzt bitte nicht dieses Buch in die Ecke und schreiben Sie mir auch keine Briefe, dass ich Sie doch überhaupt nicht kenne. Denken Sie einen Moment nach: Ganz egal, was Ihnen in Ihrem Leben passiert ist, Sie haben in der Vergangenheit Entscheidungen getroffen, die Sie genau dahin gebracht haben, wo Sie heute stehen. Sie haben zu irgendetwas oder irgendwem Ja oder Nein gesagt. Haben Sie keine Entscheidung getroffen, haben Sie damit nur die Entscheidung in die Hände eines anderen gegeben – was ebenfalls eine Entscheidung war.

Wir erbauen unsere Zukunft aus den Entscheidungen, die wir in der Vergangenheit getroffen haben.
Die gute Nachricht ist: Wenn Sie selbst die Verantwortung haben, für das, was Ihnen bisher geschehen ist und in Zukunft geschehen wird, können Sie darauf also auch bewusst Einfluss nehmen.

||| ÜBUNG

Nehmen Sie sich etwas Zeit für die Beantwortung der folgenden Fragen. Wenn Sie nicht jeweils drei Punkte finden, ist das in Ordnung. Wenn es mehr als drei Punkte sind, ebenfalls. Wenn Ihnen diese Übung alleine schwerfällt, besprechen Sie sich mit einem Freund, Familienmitglied oder Coach.
Was ist in Ihrer Vergangenheit in puncto Partnerschaft schlecht gelaufen?

1. Habe niemand Passenden getroffen
2. " [illegible] nicht genau hingesehen
3. Glaube ich kann mich nicht verlieben

Welche Entscheidung, die Sie getroffen oder nicht getroffen haben, hat dazu geführt, dass das passiert ist?

1. nicht genau hingesehen
2. nicht im rechten Moment gehandelt
3. Ich habe anderen mehr geglaubt als mir selbst

Welche Entscheidungen hätten Sie treffen können, die andere Situationen herbeigeführt hätten?

1. schneller Telefonnummern austauschen
2. Mehr meinem Instinkt trauen
3.

Was können Sie daraus lernen? Was können Sie für Ihre Zukunft ableiten?

1. schneller reagieren
2. Möglichkeiten schaffen
3. meinem Instinkt trauen.

Das war ein gutes Stück Arbeit, eine Grundlage um zukünftig bessere Entscheidungen treffen und selbstverantwortlich leben und handeln zu können. Seien Sie nicht zu streng mit sich – seien Sie nur darauf bedacht, dass Sie aus der Vergangenheit lernen.

Akzeptieren Sie die Vergangenheit und die Gegenwart und betrachten Sie beides positiv – das ist eine Voraussetzung für eine positive Zukunft.

John Selby, Psychologe und Bewusstseinsforscher, nennt sie „Liebesvariablen“: die Gründe in uns selbst, die dazu führen, dass wir eventuell nicht in der optimalen Position sind, eine erfüllende Partnerschaft zu finden. Er sagt, dass wir gerne unser Potenzial, uns zu öffnen, sabotieren. Wir verlieren uns im Alltag nur allzu gerne in negativen Gedanken und Emotionen, in bequemen Vorurteilen und Gejammer und blockieren uns damit für positive Gedanken und Emotionen, die uns eine Ausstrahlung verleihen, die uns für einen Partner attraktiv macht.

Häufig kommt es vor, dass wir Entscheidungen treffen, weil wir uns auch von anderen Menschen beeinflussen lassen, die uns zumeist wohlmeinend sagen, was wir tun oder lassen sollten, was wir können und nicht können. Wir beginnen das über uns selbst zu denken, was andere uns sagen. Machen Sie sich klar: Nur Sie selbst sind der Experte für sich! Ihre eigenen Gedanken, Ihre Meinung, Ihre Prioritäten sollten daher stets die oberste Autorität Ihres Denkens, Handelns und Fühlens sein. Ein guter Rat von Freunden oder Familie kann Ihnen helfen – aber Sie selbst bestimmen, ob Sie ihn annehmen und umsetzen.

Täglich sind wir Einflüssen von außen ausgesetzt, und oft ist gar nicht so leicht zu erkennen, wie stark man sich von Lebensentwürfen und Weltbildern anderer beeinflussen lässt. Auch Sie selbst beeinflussen täglich das Leben von Menschen – meist ohne es zu merken. Ich beeinflusse gerade in diesem Moment Ihr Leben, weil ich Sie mit meinen Zeilen zum Nachdenken anrege. Ein Lächeln, das Sie einem fremden Menschen schenken, kann das Leben dieses Menschen beeinflussen – nur ein winziges Stück, dennoch haben Sie Anteil daran.

Den meisten Menschen ist gar nicht klar, wie stark Sie durch manchmal achtlos dahingesagte Worte das Leben von Menschen beeinflussen.

Ich kann mich zum Beispiel noch gut daran erinnern, dass ich in der achten Klasse eine Deutschlehrerin hatte, die eines Tages mit einer Hausaufgabe meinen Ehrgeiz weckte. Ich weiß nicht einmal mehr, was das genaue Thema war, aber ich setzte mich am Nachmittag an meinen Tisch und schrieb und schrieb und verfasste einen tollen Aufsatz, den ich in der nächsten Deutschstunde natürlich auch stolz präsentierte. Der Aufsatz war mir so gut gelungen, dass meine Deutschlehrerin mich nicht dafür lobte, sondern mich fragte, wer diesen Aufsatz für mich geschrieben hat. Ich war zutiefst beleidigt. Alle Beteuerungen halfen nichts – sie blieb steif und fest dabei, dass ich das nicht selbst geschrieben haben könne. In Tränen aufgelöst verließ ich den Unterricht. Für die nächsten Wochen war ich völlig demotiviert und machte meistens gar keine Deutschhausaufgaben mehr, schrieb immer schlechtere Noten. Glücklicherweise wurde die Lehrerin schwanger und wir bekamen einen neuen Deutschlehrer, der mir glaubte und mich förderte. In der neunten Klasse behielten wir diesen Lehrer – und ich schrieb das ganze Jahr nur Einsen und gab mir wieder Mühe. Wer weiß, ob Sie heute dieses Buch lesen könnten, wenn die damalige Lehrerin nicht schwanger geworden wäre …

Einflüsse von außen bestimmen Ihren Weg

Dieses Erlebnis hatte (wahrscheinlich) glücklicherweise keinen Einfluss auf mein Selbstbild, was meine Beziehungen anbelangt. Es ist nur exemplarisch dafür, wie stark so ein Einfluss werden kann, wenn wir ihn zulassen.

Praxisbeispiel:
Eines Tages kam Michael zu mir, der mir in der zweiten Coachingsitzung gestand, dass seine Schüchternheit auch daher rühre, dass er sich „total hässlich“ fände. Auf die Frage, was genau denn an ihm so hässlich sei, antwortete er ohne Zögern, er hielte sich für einen perfekten Kandidaten für eine „Ganzkörpertransplantation“. Da ich keinen äußerlichen Makel an ihm entdecken konnte, machten wir einen kleinen Ausflug um sein Selbstbild zu überprüfen: Wir gingen in einer belebten Einkaufsstraße von

Hamburg spazieren, und ich fragte ihn bei jedem männlichen Passanten, ob er lieber so aussehen möchte wie dieser. Seltsamerweise fanden wir in den 20 Minuten unseres Spazierganges auf Anhieb niemanden, mit dem er tatsächlich getauscht hätte. Derartig positiv desillusioniert konnten wir uns in Ruhe auf die Suche nach den Wurzeln seines schlechten Selbstbildes machen. Es stellte sich heraus, dass sein großer Bruder, den er als Kind sehr bewundert hatte, ihm oft gesagt hatte, er sei hässlich. Da er nicht auf den Kopf gefallen war, quittierte er diese Neckereien meist mit frechen Antworten und Witzen – obwohl ihn die Hänseleien seines Bruders zutiefst trafen und verletzten. In späterer Zeit verfuhr er auch in anderen Situationen immer wieder nach diesem Prinzip. In Wirklichkeit jedoch verfestigte sich in Michael die Meinung: „Ich bin hässlich! Andere mögen mich nur, wenn ich lustig bin." Niemandem fiel auf, dass ihm die Neckereien das Leben schwer machten.

Erst durch das Coaching fiel ihm auf, dass er selbst zwei falsche Entscheidungen getroffen hatte: Die erste war, einfach zu glauben und ernst zu nehmen, was andere sagten. Die zweite war, nicht zu kommunizieren, dass ihn diese Bemerkungen trafen.

Es waren also letztlich nicht die Bemerkungen selbst, sondern die Entscheidungen von Michael, die ihn zu diesem schlechten Selbstbild geführt und damit gehindert hatten, auf Frauen zuzugehen.

Bestimmt haben Sie auch Gründe, die es bisher verhindert haben, dass Sie in einer glücklichen Partnerschaft leben, und vielleicht dachten Sie bis eben auch, dass Sie daran nicht viel ausrichten könnten?

||| ÜBUNG

Welche Faktoren haben bisher verhindert, dass Sie heute in einer glücklichen Partnerschaft leben? Schreiben Sie alle Gründe auf, die Ihnen einfallen für die Schwierigkeiten, einen Partner zu finden:

Ich lebe heute nicht in einer glücklichen Partnerschaft. Schuld daran ist unter anderem:

1. Ich mag die, die mich nicht mögen
2. " kann mich nicht verlieben.
3. " bin merkwürdig, habe ein [illegible] [illegible]
4. Es gibt keinen passenden Partner für [illegible]

Wenn Sie bisher keinen passenden Partner gefunden haben oder immer wieder an den falschen Menschen geraten, stecken vielleicht schlichte Irrtümer dahinter. Es gibt viele Einstellungen und negative Überzeugungen, die für eine Partnerschaft fatal sind, zum Beispiel:

- Ich verliebe mich immer in die Falschen.
- Ich habe eben hohe Ansprüche.
- Wer zu nett zu mir ist oder (zu) begeistert von mir, interessiert mich sowieso nicht.
- Wer in meinem Alter noch solo ist, muss doch „irgendeine Macke“ haben.
- Ich brauche zu viel Freiheit für eine feste Partnerschaft.
- Den meisten Männern bin ich zu selbstständig.
- Wenn ich zeige, dass ich etwas Ernstes will, ziehen sich die anderen zurück.

- Nur wenn ich mich an die richtigen Regeln halte, habe ich auch Erfolg.
- Meine Kinder sind noch zu klein.
- Mein Verhältnis zu meinem Expartner muss erst noch geklärt werden.
- Ich will erst noch … (z. B. abnehmen, neuen Job finden usw.).
- Ich bin zu … (alt, unattraktiv usw.).

Haben Sie etwas davon bereits selbst genannt? Glaubenssätze wie diese sind tatsächlich sehr verführerisch, weil Sie Ihnen auch eine gewisse Sicherheit geben. Es ist bequemer, wenn andere oder die Umstände schuld sind – es bewahrt Sie auch davor, sich ändern oder bemühen zu müssen. Manche dieser Glaubenssätze haben Sie vielleicht schon vor vielen Jahren verinnerlicht. Wenn Sie sie jedoch erst einmal als Stolperstein erkannt haben, ist damit schon der erste Schritt getan, sie gegen positivere Überzeugungen zu ersetzen – der erste Schritt hin zu einer glücklichen Partnerschaft.
Natürlich werden Sie nicht alle äußeren Umstände verändern können – Sie können ja zum Beispiel schlecht den Beruf wechseln, nur damit Sie mehr potenzielle Partner kennenlernen. Aber Sie können etwas anderes glauben. Erinnern Sie sich an die Übung mit dem Arm aus dem vorigen Abschnitt: Solange Sie über diese negativen, äußeren Gegebenheiten nachdenken, umkreisen Sie Ihr Problem – aber nicht die Lösung. Sie sind nicht offen für positive Gedanken – und Sie fühlen sich schlecht.
Wenn Sie also zum Beispiel aufgeschrieben haben, dass Ihr Job das Kennenlernen schwer macht, könnten Sie auch sagen:

Ich lerne durch meinen Beruf nicht viele Menschen kennen, aber ich kann in meiner Freizeit immer noch genug Kontakte knüpfen. Sie hätten damit eine Variable genannt, die Sie verändern könnten – und damit eine mögliche Lösung vor Augen. Und selbst das, was Sie an sich persönlich als Nachteil oder Beziehungsverhinderer sehen, kann für jemand anderen „halb so wild" oder sogar interessant sein.

Das Geheimnis von Anziehung und Begegnungen besteht darin, dass zwei Menschen, die sich begegnen, auf „Empfang geschaltet" sind. Das heißt: Nur wenn Sie beginnen, in Möglichkeiten zu denken anstatt in Problemen, werden Sie diese Möglichkeiten überhaupt bekommen und bemerken.

Hören Sie auf, beständig darüber nachzudenken, wo Ihre Probleme liegen und was alles nicht geht. Hören Sie auf, Sätze mit „Ja, aber …" zu beginnen. Es hat Sie bisher nicht dorthin gebracht, wo Sie gerne wären, und das wird es auch in Zukunft nicht. Wenn Sie sich dabei erwischen, darüber nachzudenken, warum etwas nicht geht, dann zwicken Sie sich und überlegen Sie, was stattdessen ginge. Seien Sie kein Opfer!

||| ÜBUNG

Welche Überzeugungen könnten Sie annehmen, bei denen Sie sich nicht schlecht fühlen?

1. Mein Partner wird mir zur richtigen Zeit begegnen.
2. Er ist mir bisher einfach noch nicht begegnet.
3. Ich werde das machen, alles klappt.
4.

In Werbeagenturen macht man zu Werbeaufträgen von Kunden ein sogenanntes „Brainstorming“: Alle an der Kampagne beteiligten Mitarbeiter treffen sich, und jeder darf alle Ideen, die ihm in den Kopf kommen, laut aussprechen. Es gibt keine Wertung und keine Kritik. Alle Ideen – egal wie absurd sie erscheinen – werden aufgenommen und festgehalten. Manchmal stellt sich heraus, dass eine Idee, die anfangs völlig indiskutabel erschien, genau das ist, was gebraucht wird.

Gestatten Sie sich selbst öfter mal ein positives Brainstorming: Werfen Sie alle Ideen und Gedanken auf den Tisch, die Ihre Situation verbessern könnten, und kritisieren Sie keinen davon – lassen Sie Ihrer Kreativität freien Lauf, ohne sich zu sagen: „Das geht ja doch nicht!“ Sie werden merken, dass einige Ideen gar nicht so absurd sind, wie Sie zunächst scheinen, und dass andere, noch so alberne, wenigstens Ihre Stimmung heben – ein guter Anfang!

Egal, wie lange Sie schon „solo“ sind – diese Phase geht zwangsläufig vorbei!

Diese Aussage ist keine Phrase aus einem „Positiv denken“-Buch – sie ist die Wahrheit, denn Leben bedeutet Veränderung.

Doch signalisieren wir uns selbst häufig, dass wir in manchen Bereichen zum Scheitern verurteilt sind. Das Prinzip der „sich selbst erfüllenden Prophezeiung“ funktioniert wunderbar und bei jedem Menschen in jeder Beziehung: Wir sagen uns „das ist eben so“, „das wird so kommen“ oder „ich werde sowieso versagen“ – diese „Prophezeiung“ wird in unserem Unterbewusstsein gespeichert, und wir werden unbewusst, aber zielstrebig alles tun, um diese Anforderung an uns selbst auch zu erfüllen.

Deshalb ist es wichtig, diese negative Selbstprogrammierung zu verändern:
Statt wie bisher zu fühlen und zu denken „Ich bin allein“ oder „Ich bin einsam“ oder „Ich bin Single“, sagen und denken Sie:

- Ich habe VORRÜBERGEHEND keinen Partner.
- Ich bin ZURZEIT alleine.
- Ich bin MOMENTAN Single.
- Ich habe GERADE keine feste Partnerschaft.

Diese winzige Veränderung hat auf Dauer eine große Wirkung, denn sie befreit Ihren Kopf und Ihre Gefühle von der Illusion, in dieser Situation gefangen zu sein, und signalisiert Ihrem Unterbewusstsein, dass dieser Umstand sich ändern lässt.

ZUSAMMENFASSUNG

- Wenn Sie die Verantwortung für Ihre Vergangenheit übernehmen, verleiht Ihnen das die Macht, Ihre Zukunft positiv zu gestalten.
- Auch aus schlechten Erfahrungen können Sie etwas für die Zukunft lernen.
- Auch vermeintlich äußere Faktoren haben etwas mit Ihnen selbst zu tun, da Sie die Entscheidung treffen, ob diese Faktoren wirklich relevant für Sie sein sollen.
- Erlauben Sie sich, positive Gedanken zu fassen und zu äußern, auch wenn sie im ersten Moment albern erscheinen.
- Programmieren Sie Ihr Unterbewusstsein um – Single zu sein ist kein Dauerzustand – Ihr Leben verändert sich täglich.

Widersprüche finden und ausschalten

Der Mensch will immer, dass alles anders wird, und gleichzeitig will er, dass alles beim Alten bleibt.

Paulo Coelho, Schriftsteller – Der Dämon und Fräulein Prym

Widersprüche, in der Psychologie Ambivalenzen genannt, sind keine Seltenheit. Sie kommen in unserem Alltagsleben sehr häufig vor: Sie haben bestimmt auch schon mal an einem Samstagabend den Wunsch verspürt auszugehen und etwas zu erleben, doch andererseits auch das Sofa, auf dem Sie gerade sitzen, sehr lieben gelernt. Irgendwann haben Sie dann eine Entscheidung getroffen und sich entweder aufgerafft oder aber einfach den Fernseher angemacht oder ein gutes Buch zur Hand genommen und den Abend zu Hause verbracht. Das ist völlig in Ordnung – solange Sie sich währenddessen nicht darüber ärgern, dass Sie das eine tun und das andere nicht … das nennt man dann Dissonanz – und das bringt Ihnen selbst nun wirklich nichts als Ärger!

Im Zusammenhang mit dem Thema Partnerschaft und Partnersuche werden Sie möglicherweise ebenfalls von Ambivalenzen begleitet, die zu Dissonanz führen können und daher sehr hinderlich sind.

Ladies first

Liebe Leserin, mögen Sie eigentlich Männer?

Vermutlich erstaunt Sie meine Frage – schließlich suchen Sie einen Partner. Deshalb möchte ich Ihnen eine kleine Geschichte erzählen. Auch für die männlichen Leser dürfte

sie interessant sein, weil es eventuell die eine oder andere Situation erklärt, die Sie vielleicht selbst erlebt haben:
Vor einigen Jahren begab es sich durch Zufall, dass sich zu einem meiner Workshops zum Thema Partnerwunsch nur Frauen anmeldeten. Um einen großen Tisch saßen an diesem Tag nun 12 Frauen vor mir und zur Vorstellung sollte jede ein wenig von sich erzählen: wer sie ist, warum sie hier teilnimmt und so weiter. Nach und nach erzählte jede Frau von sich und ihrem Expartner oder ihren Expartnern. Die Geschichten schienen nach und nach immer länger zu werden, und einige Dinge, die die Frauen erzählten, hatten andere in der Runde auch schon erlebt. Die Frauen berichteten darüber, wie ihre Männer oder Freunde sie verlassen, schlecht behandelt, betrogen oder nicht aufmerksam oder liebevoll behandelt hatten. Die Beipflichtungen der anderen Frauen und die Empörung wurden größer und größer. Als die Runde zu Ende war, waren die Frauen regelrecht „auf Krawall gebürstet“.
Ich atmete tief durch, konnte mir aber ein kleines, verschmitztes Lächeln nicht verkneifen.
„Liebe Frauen“, wandte ich mich an die aufgebrachte Damenriege, „ohne Zweifel gab es in Ihrer Vergangenheit Männer, die nicht zu Ihnen gepasst haben. Einige von Ihnen sind sehr schlecht von Männern behandelt worden und haben allen Grund zur Wut.“ Zustimmendes Gemurmel und Nicken von allen Seiten. „Aber Sie haben sich zu einem Workshop zum Thema Partnersuche angemeldet, und ich frage mich, warum Sie nach all dem auch noch das Geld ausgeben, um sich wieder so einen Mistkerl ins Haus zu holen!?“

Zunächst herrschte betroffene Stille, dann folgten Argumentations- und Rechtfertigungsversuche – schließlich ging es ja um diesen einen und überhaupt … Als sich der erste Sturm wieder gelegt hatte, sagte ich den Frauen: Ich verrate Ihnen ein wichtiges Geheimnis:

Männer mögen Frauen, die Männer mögen.

Klingt das albern? Vielleicht – aber denken Sie genauer darüber nach: Sie wünschen sich einen Partner, also einen Mann. Was halten Sie von Männern im Allgemeinen? Welche Vorurteile haben Sie gegenüber Männern?

Und nun zu den Herren

Lieber männlicher Leser, auch an Sie die Frage: Mögen Sie eigentlich Frauen?

Sie werden es erraten haben: **Frauen mögen Männer, die Frauen mögen.**

Auch das klingt im ersten Moment selbstverständlich – und ist es doch nicht. Ich habe schon Männern zugehört, die in weniger selbstbeherrschten Momenten nicht von Frauen, sondern von den „Weibern“ sprachen, oder noch schlimmer sogar von „Tussis“. Andere wiederum wünschen sich eine Partnerschaft, scheinen aber regelrecht Angst vor Frauen zu haben. So als würde ihnen eine Frau den Kopf abbeißen, wenn sie zu ihr auch nur ein falsches Wort sagen.

Das Geheimnis einer anziehenden Ausstrahlung

Das Geheimnis der gegenseitigen Anziehung wird sich wohl nie ganz erklären lassen, doch eines ist sicher: Ihre Ausstrahlung

wird in den tiefsten Schichten Ihrer Seele geboren – dort, wo auch das Gefühl der Liebe beheimatet ist.
Fehlt Ihnen das Verständnis für das andere Geschlecht oder hegen Sie gar Argwohn oder Hass gegenüber einzelnen Vertretern oder dem Geschlecht ganz allgemein, wirken Sie automatisch unterschwellig unattraktiv und unsympathisch – und werden nur schwer einen Partner finden können.

Praxisbeispiel:
In einem Flirttraining gab ich den Teilnehmern die Aufgabe, einen kleinen Vortrag zu halten, wofür Sie das andere Geschlecht lieben. Einer der Teilnehmer erzählte dabei, dass er auch beruflich sehr gerne mit Frauen zu tun habe, weil er ihre intuitive Art und ihre Geselligkeit schätze. Der nächste Teilnehmer griff das auf, und sagte, dass er Frauen im Beruf überhaupt nicht mag. Er sei Frauen zugetan, aber beruflich möchte er am liebsten gar nichts mit ihnen zu tun haben. Sie seien allesamt falsch, intrigant, hinterlistig und missgünstig. Er würde am liebsten nur mit Männern arbeiten, mit Frauen habe er schlechte Erfahrungen gemacht.
Der Mann glaubte tatsächlich, er könne seine widersprüchlichen Gefühle gegenüber Frauen trennen. Er wünschte sich, Frauen ansprechen zu können, die ihm gefielen – doch er misstraute jeder Frau so stark, dass er sich an keine herantraute. Wir arbeiteten den ganzen Tag daran, die Ausstrahlung der Teilnehmer zu verbessern, um am Abend ein hohes Flirtpotenzial zu haben und anziehender zu wirken als vorher. Der Teilnehmer jedoch verlor sein Misstrauen nicht – er wurde

am Abend sogar selbst von fremden Frauen angeflirtet, aber das war ihm nichts wert. Er war nicht dazu zu bewegen, seine schlechte Meinung über sich selbst und die Anforderungen von Frauen aufzugeben.
Zwei Wochen nach dem Kurs machte er von der Zufriedenheitsgarantie Gebrauch und forderte die Kursgebühr zurück. Ich habe sie gerne überwiesen, aber bedauerte es sehr, dass ein eigentlich so intelligenter Mensch sich das Leben selbst so schwer machte.

So gewinnen Sie eine positive Ausstrahlung

Stellen Sie Ihre Glaubenssätze auf den Prüfstand. Misstrauen Sie dem anderen Geschlecht? Sind wirklich alle Vertreter des anderen Geschlechts verantwortlich für etwas, das Ihnen mit Einzelnen widerfahren ist?
Entwickeln Sie mehr Sympathie, Liebe und vor allem Verständnis für das andere Geschlecht grundsätzlich – lassen Sie eine erwachsene und gereifte Zuneigung entstehen.
Sie haben im Lauf Ihres Lebens viele – nicht nur gute – Erfahrungen mit dem anderen Geschlecht gemacht, die Spuren von Unverständnis, Misstrauen, Zorn oder sogar Hass hinterlassen haben. Das ist nachvollziehbar und verständlich, doch es wird Zeit, sich diese alten Gefühle anzuschauen und zu entstauben, notfalls sogar zu „entrümpeln"!

||| ÜBUNG

Nehmen Sie sich eine halbe Stunde Zeit, suchen Sie einen Ort in Ihrer Wohnung auf, an dem Sie es bequem haben, sorgen Sie dafür, dass Sie nicht gestört werden. Schließen Sie Ihre Augen. Entspannungsmusik im Hintergrund kann Ihnen helfen, Ihre Fantasie anzuregen. Stellen Sie sich vor:

„Ich sitze in einem Zimmer, es klopft an die Tür und ich sage herein. Es kommt ..."

Die Reihenfolge ist völlig egal: Suchen Sie nicht – warten Sie einfach, wer kommt.

Auch Menschen, die Sie nicht näher kennen, werden (und dürfen) dabei sein.

Alle Gefühle und Erinnerungen dürfen und sollen jetzt sein, auch Hass, Zorn oder Verachtung und Peinlichkeit. Echte Würdigung und Versöhnung bedeuten, nicht nur gute Gefühle für einen Menschen zu haben. Aufgestauten und geballten Gefühlen Raum zu geben, wirkt erleichternd. So erleichternd, dass sich hinterher häufig auch die Gegenseite zu Wort „meldet": Auch ein Mensch, der sich als Scheusal verhielt, hat etwas Gutes in sich ... Klären Sie es, sagen Sie Ihrem Gegenüber, was er in Ihnen bewirkt hat, und lassen Sie ihn in Frieden ziehen.

Was einer glücklichen Partnerschaft noch im Weg stehen könnte:

Vielleicht wünschen Sie sich einen Partner, der Eigenschaften in sich vereinen soll, die sich gegenseitig ausschließen.

Viele Frauen wünschen sich Männer, die man nicht einmal backen könnte. Er soll männlich sein, aber auch sensibel. Er

soll gefühlvoll sein, aber bloß kein Weichei. Er soll wissen, was er will, aber nicht dominant sein. Er soll beruflich etwas darstellen, aber viel Zeit mit mir verbringen. Er soll ein Draufgängertyp sein, aber sich nach einer festen Partnerschaft sehnen. Er soll Freunde und Hobbys haben, unabhängig sein, aber Zeit für mich haben und sich in meinen Freundeskreis integrieren.
Bei den Männern sieht es nicht besser aus. Viele Männer wünschen sich heimlich immer noch die perfekte Frau: eine Gesellschaftsdame, die kocht wie Mutti und im Schlafzimmer ein echtes Luder ist, klasse aussieht, gebildet und unabhängig ist und dabei zu ihm aufsieht und ihm jeden Wunsch von den Lippen abliest.
Natürlich sind die oben genannten Beispiele übertrieben, aber denken Sie doch selbst mal darüber nach: Was wünschen Sie sich wirklich? Jeder Mensch hat ein mehr oder weniger bewusstes Bild von einem „Ideal" – von sich selbst genauso wie von einem Traumpartner. Doch was ist wirklich wichtig? Was muss der Traummann oder die Traumfrau mitbringen, um sich tatsächlich zu einem geeigneten Lebenspartner qualifizieren zu können?

||| ÜBUNG

Welche Eigenschaften sind Ihnen bei einem Partner wirklich wichtig? Welche Art von Mensch soll er beziehungsweise wie soll er sein?

-
-
-

Denken Sie gut darüber nach, und machen Sie sich Stichworte zu allem, was Ihnen einfällt.
Wenn Sie sich diese Liste nun ansehen, denken Sie über diese beiden Fragen nach:

- Gibt es in der Liste Wünsche, die vielleicht nur schwer in einer Person vereinbar sind?
- Wenn ja, worauf könnten Sie gegebenenfalls verzichten, um die Art von Partnerschaft zu führen, die Sie sich wünschen?

Passen Sie zu Ihrem Traumpartner?

Welche Wünsche und Anforderungen könnte die Art von Mensch haben, den Sie in der Liste charakterisieren? Wie denkbar ist es, dass jemand, der diese Eigenschaften und diese Mentalität hat, sich für Sie interessiert? Passen Sie mit Ihrem Charakter, Ihrem Lebensstil und Ihrer Mentalität zu ihm?
Es geht bei der Suche nach einem Partner nur zur Hälfte darum, jemanden zu finden, den Sie für „richtig“ halten. Die andere Hälfte ist, jemanden zu finden, der Sie für „richtig“ hält!
Was können und wollen Sie einem anderen Menschen geben: Wenn es einen Menschen gibt, der nach jemandem wie Ihnen sucht, so hat auch dieser Mensch Bedürfnisse, deren Erfüllung er sich von Ihnen erhofft.
Denken Sie an die Liste mit den acht Grundbedürfnissen, überlegen Sie, welche dieser Bedürfnisse Sie bei einem anderen Menschen erfüllen können und wollen:

- Sind Sie bereit, einem anderen Menschen beim materiellen Überleben zu helfen, falls nötig?

- Teilen Sie, was Sie besitzen?
- Sind Sie bereit, einen Menschen beruflich zu unterstützen?
- Können Sie auf sexuelle Bedürfnisse eines anderen Menschen eingehen?
- Sind Sie fähig, Nähe und Intimität zu leben und zu geben?
- Wenn Sie jemanden treffen, der sich eine Familie wünscht: Sind Sie bereit, dieses Bedürfnis nach Sicherheit/Dauerhaftigkeit in der Beziehung zu leben?
- Können Sie eine echte, den anderen so wie er ist akzeptierende, Freundschaft aufbauen?
- Sind Sie stark genug, einem neuen Freund Raum zu geben, auch negative Gefühle in Ihrer Anwesenheit rauszulassen und Hilfe und Verständnis zu geben, damit er über alte emotionale Wunden hinwegkommt?
- Können Sie ein freundschaftlicher Lehrer oder Führer für geistige Entwicklung sein?

Sie sollen keineswegs alle Bedürfnisse eines anderen Menschen befriedigen. Werden Sie sich lediglich klar darüber, welche Bedürfnisse ein anderer Mensch haben kann – und welche Sie bereit und in der Lage sind zu erfüllen.

Glückliche und befriedigende Beziehungen ergeben sich nur, wenn beide Partner willens und fähig sind, Bedürfnisse des anderen zu erfüllen.

Manche Menschen glauben auch, es sei widersprüchlich zu denken: Ich wünsche mir eine Partnerschaft – aber ich wünsche mir auch Freiheit. Diese Menschen gehen davon aus, dass eine Partnerschaft gleichbedeutend ist mit einer Einschränkung der persönlichen Freiheit. Verstehen Sie mich richtig: Selbstverständlich bedeutet eine Partnerschaft, Rücksicht auf den Partner zu üben, sich zu besprechen und auch mal Kompromisse zu schließen. Doch eine wirklich erfüllte Partnerschaft, die Sie mit offenem Herzen eingehen, wird Ihnen eine Freiheit schenken, die Sie bisher nicht gekannt haben. Der „richtige" Partner an Ihrer Seite kann Sie durch seine Liebe und sein Vertrauen und das Zulassen Ihrer Liebe und Ihres Selbst zu ungeahnten Höhen führen und zu Leistungen motivieren, die Sie vorher nicht für möglich gehalten hätten. Dafür ist es jedoch nötig, dass Sie sich von negativen Beziehungsmustern, schlechten Gefühlen und Gedanken und vor allem Ihren Ängsten befreien.

||| ZUSAMMENFASSUNG

- Männer mögen Frauen, die Männer mögen. Frauen mögen Männer, die Frauen mögen.
- Vorurteile, schlechte Gefühle und Misstrauen gegenüber dem anderen Geschlecht verhindern eine anziehende Ausstrahlung auf potenzielle Partner.
- Manche Ihrer Wünsche an einen Partner können sich widersprechen, sodass es diesen Menschen eventuell gar nicht geben kann.
- Auch Ihr Wunschpartner hat Wünsche und Anforderungen an Sie.
- Partnerschaft und Freiheit schließen sich nicht aus, sondern sind die Bestandteile einer gesunden Liebe.

Ich als Partner

Gut, wenn man weiß, was man will. Noch besser, wenn Sie sich bewusst sind, was Sie anzubieten haben! Welche Art von Partner sind Sie selbst – und was macht Sie zukünftig selbst zu einem Traumpartner für Ihr Gegenstück?

Wer sind Sie?

Der Mensch ist, was er denkt. Was er denkt, strahlt er aus. Was er ausstrahlt, zieht er an. Fernöstliche Lebensweisheit

Der Geist entscheidet – was du denkst, das bist du! Buddha

In der Psychologie streiten die Experten bis heute, ob der Charakter und das Verhalten von Menschen genetisch bestimmt sind oder sich durch Erfahrung und Prägung entwickeln. Werden uns Bestimmungen in die Wiege gelegt oder werden uns Lebenskonzepte von unserer Umwelt aufgedrängt?
Fest steht: Unsere eigenen Handlungen und unser Verhalten veranlassen andere zu Reaktionen auf unser Verhalten. Verhalten wir uns anders, reagieren unsere Mitmenschen zwangsläufig anders. Wir selbst können bestimmen, wie wir uns verhalten – doch gehen wir am liebsten den Weg des geringsten Widerstandes und probieren nur ungern etwas Neues aus. In unserem Streben, es uns und unserer Umwelt (leider nur vermeintlich) leicht zu

machen, verleugnen wir uns oftmals selbst. Wir gehen scheinbare Kompromisse ein, mit denen jedoch am Ende keine der Parteien zufrieden ist, und die uns von unserem Lebensziel oder gar schon der bloßen Erkenntnis unserer Lebensziele abbringen.
Wenn Sie sich also nach einem Menschen sehnen, der das Leben mit Ihnen teilen möchte, sollten Sie sich auch mit sich selbst auseinandersetzen und sich die Frage stellen: „Wer bin ich?"
Wie ist eigentlich Ihre Lebenseinstellung, Ihre Sicht auf die Welt, Ihr Charakter, was sind Ihre Wünsche, Ihre Träume und Ihre Ängste? Und woher kommen Sie?
In meiner beruflichen Praxis habe ich es täglich mit Menschen zu tun, die zu mir kommen, weil sie unzufrieden sind mit ihrem Leben. Sie möchten etwas ändern. Den wenigsten ist dabei bewusst, dass es nur eine einzige Sache gibt, die ein Mensch wirklich ändern kann: sich selbst! Sich selbst und seine Gedanken, um genau zu sein …
Sehr oft glauben wir zum Beispiel, dass etwas genau so und so sein muss – aber wir fragen uns nie, warum wir das glauben – und noch weniger machen wir uns bewusst, wie viel einfacher und schöner das Leben sein könnte, wenn wir etwas anderes glauben würden. Das gilt auch für Sie selbst: Sie sind genau das, was Sie über sich denken!

Praxisbeispiel:
Eines Tages kam Manfred zu mir und bat um ein Coaching, weil er zum einen sehr schüchtern sei und zum anderen die Frauen, die er kennenlernte, immer wieder verliere. Er erzählte mir von seinen letzten Beziehungen und was er alles

getan habe, um der Frau zu gefallen und ihr zu zeigen, dass er sie mag. Dann wollte er von mir wissen, was er denn noch tun könne oder was die Frauen denn eigentlich wollten. Ich fragte ihn stattdessen, was er über sich selber denke, welche Ziele und Leidenschaften er habe. Die Antworten waren so sparsam, dass es mich fast erschreckte. Dieser Mann schien nicht einmal eine schlechte Meinung von sich zu haben – er hatte eher überhaupt keine. Er lebte einfach so vor sich hin, ging arbeiten, traf Kollegen und Bekannte in der Kneipe, spielte Fußball, fuhr in den Urlaub – aber all das tat er völlig sinnbefreit und leidenschaftslos. Er akzeptierte alles um ihn herum, so wie es ihm begegnete, und versuchte, dabei möglichst wenig aufzufallen. Kein Wunder, dass sich keine Frau auf Dauer für Manfred erwärmen konnte. Wofür auch? Was gab es zu entdecken, was von ihm zu lernen?

Entdecken Sie sich selbst

Viele Menschen, die sich einen Partner wünschen, verbringen wie Manfred viel Zeit damit, darüber nachzudenken, wie sie sein müssten, damit das andere Geschlecht sich für sie begeistert, oder was sie tun müss(t)en, um gut anzukommen, ohne darüber nachzudenken, wie sie denn eigentlich selbst sein möchten und könnten. Sie vergessen dabei häufig, dass sie ja schon mit jemandem zusammen sind: Da ist jemand, der immer für sie da ist, der immer weiß, was sie gerade denken und der sie garantiert nie verlässt. Erraten Sie es? Sie sind es!
Machen Sie sich mit dem Gedanken vertraut, dass Sie Ihr ganzes Leben mit sich verbringen werden. All das, was Sie

in den letzten Kapiteln notiert haben, was Sie sich von einem Partner wünschen, sollten Sie sich zunächst selbst schenken!
Haben Sie sich vielleicht einen Partner gewünscht, der auch Ihre kleinen Macken mag? Jemanden, der Sie nicht im Stich lässt? Jemanden, der auch Ihre Fehler verzeiht? Der Sie tröstet, wenn Sie mal traurig sind, und lobt, wenn Sie etwas geleistet haben? Jemanden, der Ihnen sagt, dass er Sie so liebt und akzeptiert, wie Sie sind, und Ihnen das Gefühl gibt, dass Sie etwas Besonderes für ihn sind? Jemanden, der Sie inspiriert und beflügelt, neue Impulse schenkt? Machen Sie selbst sich dieses Geschenk!
Entwickeln Sie einen gesunden Egoismus: Sehnen Sie sich nicht, gieren Sie nicht danach, erhoffen Sie sich nicht, dass jemand anders Sie toll findet, dass jemand anders Ihnen sagt, dass er Sie liebt, dass jemand anders Ihnen Liebe schenkt – fangen Sie selbst an, sich das zu geben, was Sie sich vielleicht bisher von anderen erhofft haben. Denken Sie mal an sich!
Ein Mensch, dessen Gedanken beständig darum kreisen, was er (noch) tun muss, um die Bestätigung, Liebe und Anerkennung eines anderen Menschen zu erhalten, wird nie in einer gleichberechtigten, gesunden und glücklichen Partnerschaft leben können, denn er macht sich von vorneherein zum Verlierer.
Es ist nicht Ihre Lebensaufgabe, alle Erwartungen aller anderen Menschen zu erfüllen. Wenn Sie (und das hoffe ich für Sie) sich einen Partner wünschen, der Sie liebt und akzeptiert, wie Sie sind, dann ist es an der Zeit, so zu sein, wie Sie gerne sein möchten.

Werbung in eigener Sache

Machen wir einen kleinen Ausflug in die Werbung: Lange bevor das Wort Werbung für Produktwerbung entdeckt und gebraucht wurde, gab es bereits Werbung. Diese Werbung umfasste ziemlich genau den Bereich, in dem wir uns mit diesem Buch gerade bewegen: das Finden und Binden eines Partners. Kein Wunder also, dass viele Regeln und Leitsätze, die Marketingspezialisten für die Produktwerbung entwickelt haben, auch für die „Liebeswerbung" gelten:

Möchte ein Unternehmen ein neues Produkt auf den Markt bringen oder macht sich jemand selbstständig und möchte seine Dienste anbieten, so fragen die Marketingexperten als erstes nach dem USP. USP steht für „Unique Selling Proposition", zu Deutsch: das Alleinstellungsmerkmal – warum soll der Kunde ausgerechnet bei mir kaufen und nicht woanders? Warum soll er sich ausgerechnet für dieses Produkt entscheiden? Was unterscheidet mich oder mein Produkt von dem der Konkurrenz?

Haben Sie sich schon einmal Gedanken gemacht, was Sie einzigartig macht? Warum sollte sich ein Mensch in Sie verlieben und nicht in jemand anderen? Was macht Sie so einmalig?

Häufig ist es auch die Kombination von scheinbar belanglosen Eigenschaften, die uns für andere begehrenswert macht, manchmal auch eine Kombination von Eigenschaften, die man so bei einem Menschen nicht erwarten würde. Doch genau das macht es ja erst spannend!

ÜBUNG

Welche Kombination ist es bei Ihnen? Seien Sie so ehrlich wie möglich – es geht um Ihre Selbsteinschätzung (am Ende werden keine Punkte verteilt!).

Mein Äußeres wirkt auf andere vermutlich:

modebewusst		flippig		gut aussehend	
gepflegt		hübsch		schlank	
fraulich/ männlich		originell		androgyn	
dünn		mollig		vollschlank	
sportlich		unscheinbar		extravagant	
schick		natürlich		gemütlich	
schmächtig		jungenhaft		mädchenhaft	
muskulös		„bärig“		hager	
markant		„ökig“		trendig	
individuell		jünger wirkend		älter wirkend	
sympathisch		alternativ			

Sonstiges:

Im Umgang mit anderen bin ich oft:

freundlich		verkrampft		ungeduldig	
hilfsbereit		kontaktfreudig		launisch	
verantwortungs-bewusst		empfindlich		tolerant	
couragiert		gastfreundlich		liebevoll	
sensibel		streitfreudig		rechthaberisch	
besserwisserisch		anspruchsvoll		schüchtern	
diplomatisch		harmonie-bedürftig		leidenschaftlich	

zärtlich		anlehnungs bedürftig		misstrauisch	
geizig		nachtragend		fair	
neidisch		herrschsüchtig		eifersüchtig	
verlässlich		einfühlsam		treu	
kratzbürstig		gesellig		zurückhaltend	
humorvoll					

Sonstiges oder Anmerkungen:

Meiner Einschätzung nach wirke ich auf andere häufig:

selbstbewusst		unnahbar		kühl	
spontan		warm		selbstherrlich	
exzentrisch		herzlich		zufrieden	
langweilig		unselbstständig		unbescheiden	
arrogant		melancholisch		jähzornig	
aggressiv		fröhlich		unbeschwert	
geheimnisvoll		interessiert		gelassen	
fatalistisch		gefühlsbetont		charmant	
liebevoll		hemmungslos		erotisch	
charismatisch		souverän		cool	
sexy		selbstbeherrscht		diszipliniert	
fleißig		extrovertiert		introvertiert	
sachlich		emotional		faul	
genusssüchtig		humorvoll		ausgeglichen	
temperamentvoll		trotzig		ironisch	
sarkastisch		dominant		devot	
zurückhaltend		zuverlässig		amüsant	
kritisch					

Anmerkung dazu (falls nötig):

Im Allgemeinen sehe ich mich selbst als eher ...

ängstlich		intellektuell		intuitiv	
romantisch		sentimental		autonom	
freiheitsliebend		idealistisch		optimistisch	
risikofreudig		entscheidungs-freudig		unternehmungs-lustig	
dynamisch		grüblerisch		kreativ	
fantasievoll		musikalisch		künstlerisch	
sportlich		aktiv		mutig	
ordentlich		verträumt		organisiert	
karriereorientiert		sparsam		anspruchsvoll	
sensibel		bodenständig		humorvoll	

Anmerkung dazu (falls nötig):

Was schätzen Ihre Freunde an Ihnen?

Was sind Ihre liebsten Freizeitbeschäftigungen – und warum?

Wofür haben Sie eine Leidenschaft – und warum?

Was machen Sie beruflich?

Was würden Sie tun, wenn finanzieller Erfolg und Ausbildung keine Rolle spielten?

Was (außer einer Partnerschaft) möchten Sie in Ihrem Leben gerne noch tun oder erreichen – und warum?

Welche Art von Musik hören Sie gerne?

Welche Art von Filmen mögen Sie?

Lesen Sie? Wenn ja, was am liebsten und warum?

Was könnten Sie Ihrem Partner vielleicht noch beibringen?

Was möchten Sie von Ihrem Partner gerne lernen?

Was haben Sie vielleicht sonst noch anzubieten, was nicht jeder hat?

Was gehört Ihrer Meinung nach zum Sinn des Lebens?

Wenn Sie all diese Fragen durchdacht haben (vielleicht fällt Ihnen ja auch noch mehr ein?), nehmen Sie sich ein Blatt Papier und fertigen Sie mit diesen Informationen eine „Produktbeschreibung" an. Na, wie sieht das Produkt jetzt aus?

Mit dieser Übung bekommen Sie (hoffentlich) ein besseres Gefühl für sich selbst. Betrachten Sie hin und wieder Ihre „Produktbeschreibung". Ergänzen, korrigieren oder verfeinern Sie sie. Setzen Sie sich damit auseinander, wer Sie geworden sind. Arbeiten Sie an den Punkten, die Sie vielleicht verändern möchten, und verzeihen Sie sich das, was vielleicht nicht ganz so ist, wie Ihre Idealvorstellung. Vergessen Sie nicht: Es ist Ihre Beschreibung – aber Sie könnten Sie verändern – jemand anderes hat vermutlich ganz andere Idealvorstellungen als Sie …
Wären Sie aber viel lieber „besser" als Sie jetzt sind? Sind Sie unperfekt? Hoffentlich! Schauen Sie in den Spiegel und sagen Sie: „Ich bin unperfekt – damit habe ich die perfekten Chancen auf eine wundervolle Partnerschaft, da ich kein überna-

türliches Wesen bin und niemand sich sorgen muss, mir nicht entsprechen zu können!"

Kein Mensch auf der Welt ist perfekt. Niemand ist ohne Makel, niemand ohne Misserfolg. Kein Mensch erfüllt alle Anforderungen anderer Menschen. Stellen Sie sich vor, wie Ihr Leben wäre als perfekter Mensch, der keine Fehler, keine Makel und keine Unzulänglichkeiten hat: Sie wünschen sich eine Partnerschaft und treffen auf andere – ganz normale Menschen. Jeder normale Mensch, der Sie kennenlernt, stellt früher oder später fest: Sie sind perfekt!

Weil Sie jedoch so perfekt sind, haben Sie natürlich zu Recht Anspruch auf einen ebenso perfekten Partner, doch diesem Anspruch kann niemand gerecht werden, denn Sie sind (neben Gott, falls Sie daran glauben) das einzig perfekte Wesen im Universum. Wie schade – Sie müssen auf Dauer leider alleine bleiben, weil jeder neben einem so perfekten Wesen wie Ihnen unweigerlich Komplexe bekommt.

Wenn Ihnen übrigens ein neuer Partner oder ein Date beständig erzählt, wie perfekt Sie in seinen (oder ihren) Augen seien und dass er/sie gar nicht wisse, wie er/sie Sie überhaupt verdient habe – suchen Sie schnell das Weite. Dieser Mensch hat bereits Komplexe und alles, was Sie zu ihm sagen, um das zu ändern, macht Sie nur noch perfekter und ihn noch unzulänglicher.

ZUSAMMENFASSUNG

- Sie sind, was Sie über sich denken.
- Was Sie über sich denken, bestimmt, was Sie glauben zu verdienen – auch in der Partnerschaft,
- Je klarer das Bild ist, das Sie von sich haben, was Sie können und erreichen möchten, umso klarer wird das Bild sein, das andere von Ihnen bekommen. Und Ihr Traumpartner kann Sie so überhaupt erst richtig erkennen.
- Jeder Mensch ist einzigartig. Es geht nicht darum, einem Massengeschmack zu entsprechen, sondern man selbst zu sein, sich zu lieben und dabei anderen offen und mit Respekt zu begegnen.

Was macht erfolgreich bei der Suche?

Auch eine Reise von tausend Meilen fängt mit dem ersten Schritt an. Achte auf deine Gedanken – sie sind der Anfang deiner Taten.

Chinesisches Sprichwort

Nun haben Sie hoffentlich einen guten Überblick über das, was Sie sich wünschen und auch das, was Sie anzubieten haben. Schön, damit sind wir einen entscheidenden Schritt weiter. Was aber fangen Sie nun damit an? Was macht Ihre Suche letztlich erfolgreich? Wie schaffen wir es, das „Produkt" – Sie – an den Mann beziehungsweise die Frau zu bringen? Erfolg – nicht nur in der Partnerschaft – beruht immer auf einer Kombination aus einzelnen Faktoren. Manche davon sind leicht zu beeinflussen, andere weniger.

Entscheidend ist die klare Absicht!

Ob Sie ein Ziel erreichen oder nicht, hängt davon ab, ob Sie es wirklich wollen – ob Ihre Absicht stark genug ist. Eine klare Absicht setzt Energie frei, die Sie zum Erreichen Ihrer Ziele brauchen. Sagen Sie nicht: Ich würde gerne, ich könnte ja mal, es wäre ja ganz schön, wenn ... Sagen Sie: Ich werde ..., ich habe die Absicht ... Was bringt das?

Etwa 95 Prozent Ihres Lebens, Ihres Denkens und Ihres Handelns geschehen unbewusst. Das klingt jetzt vielleicht ganz schön viel, doch denken Sie mal bewusst (also mit den fünf Prozent) nach:

- Sie denken pro Tag etwa 50 000 Gedanken, wissen Sie wirklich, welche?
- Sie wissen zwar genau, was Sie besonders mögen und was nicht – doch ist Ihnen klar, warum das so ist?
- Woher kommen plötzliche Einfälle, Ohrwürmer, Launen und vieles mehr?

Unser ganzes Leben werden wir mit Inhalten „gefüttert". Einige davon nehmen wir bewusst wahr, andere wiederum rauschen an unserer bewussten Aufmerksamkeit vorbei, werden aber dennoch gespeichert. Was uns jedoch tatsächlich auffällt und was nicht, entscheiden wir ebenfalls unbewusst. Ob wir etwas gut oder schlecht finden, hängt ab von unserer Bewertung des jeweiligen Umstandes. Was wir langweilig finden, findet jemand anders vielleicht höchst interessant. Die Bewertung erfolgt jedoch meist ohne Zögern und ganz – Sie ahnen es schon – unbewusst.

Sie können Ihr Unbewusstes jedoch auch beeinflussen. Sie können sich sozusagen in gewissen Bereichen umprogrammieren oder „rekalibrieren". Im vorletzten Kapitel haben Sie bereits damit angefangen, indem Sie sich angewöhnten zu sagen, dass Sie „zurzeit" oder „vorübergehend" keinen Partner haben. Sagen Sie sich jetzt, dass Sie die Absicht haben, in einer liebevollen und erfüllten Partnerschaft zu leben.

Programmieren Sie sich neu

Der französische Apotheker Emile Coué „erfand" bereits Ende des 19. Jahrhunderts eine sehr wirksame Methode dieser Umprogrammierung: die Affirmation. Er entdeckte die Wirkung von positiven ausgesprochenen Sätzen, die er seine Patienten wie ein Mantra immer wieder aufsagen ließ. Die Sätze dringen auf diese Weise in den Geist und schließlich in das Unterbewusstsein vor und wollen dann auch „Gestalt" annehmen. Emile Coué hat erkannt, dass das „Einreden" sozusagen irgendwann von innen wirkt und sogar die Selbstheilungskräfte des Körpers aktivieren kann.

Ganz allgemein solle man nach dem Erwachen und vor dem Schlafengehen zwanzig Mal diesen Satz laut aussprechen: „Mir geht es mit jedem Tag in jeder Hinsicht immer besser und besser." Dabei spielt es laut Coué keine Rolle, was man dabei denkt. Alleine die Wiederholung und Aufnahme der Worte entfalte die gewünschte Tiefenwirkung. Er heilte damit viele Patienten von ihren Leiden wie Kopfschmerzen, Schlafstörungen oder sogar Depressionen.

Versuchen Sie also einmal, Ihre Selbstheilungskräfte in Sachen Liebe zu aktivieren:
Kennen Sie Sätze von sich selbst wie zum Beispiel:

- „Die Welt ist so ungerecht!"
- „Mir gelingt aber auch gar nichts."
- „Warum gerate ich immer wieder an den Falschen?"
- „Ich bin einfach kein Frauentyp."

Ganz gleich, was es ist, damit haben Sie sich in der Vergangenheit unbewusst immer wieder auf Misserfolg programmiert. Programmieren Sie sich neu!

ÜBUNG

Die Regeln für diese Neuprogrammierung lauten:
Überlegen Sie sich einen oder zwei „griffige" Sätze über sich selbst und Ihre Situation, wie Sie sich die Zukunft wünschen. Formulieren Sie die Sätze in der Gegenwart und positiv (also ohne Verneinung). Sagen Sie diese Sätze so oft Sie können laut und erinnern Sie sich eventuell auch (z.B. per Handytermin oder Ähnlichem) tagsüber öfter daran.
Sagen Sie die Sätze zuversichtlich – ohne Druck, ohne Sehnsucht und ohne Ärger darüber, dass es jetzt noch nicht so ist, wie gewünscht.

Sagen Sie zum Beispiel etwas zu sich wie:

- Der richtige Partner für mich existiert. Ich weiß, dass wir uns bald begegnen.
- Es ist sicher, dass ich dem richtigen Partner begegne, wenn ich mich ihm öffne.

- Ich bin ein liebenswerter Mensch und ein guter Partner, ich ziehe die Menschen an, die zu mir passen.

Formulieren Sie Ihre individuelle Affirmation nach den oben beschriebenen Regeln und wenden Sie sie in den nächsten Wochen immer wieder an. Passen Sie Ihre Affirmation gegebenenfalls auch an, wenn Sie etwas Besseres für sich finden oder Ihre Situation sich verändert. Und denken Sie daran: Nur vom Lesen dieser Zeilen wird sich nichts verändern – Sie müssen schon selbst etwas dafür tun.

Meine Affirmation lautet:

Charisma als Erfolgsfaktor

Unter Charisma versteht man im Allgemeinen eine „gewinnende Ausstrahlung". Manche Menschen haben Charisma, andere nicht. Doch wenn man sich Menschen mit Charisma näher betrachtet, haben sie alle einiges gemeinsam. Die Autorin und Trainerin Heike Kretz hat diese Eigenschaften in die „7 Schlüssel für mehr Charisma" zusammengefasst.

Zwei wichtige Eigenschaften, die alle charismatischen Menschen gemeinsam haben, sind Eigenliebe und Selbstbewusstsein. Diese Menschen wissen, wer sie sind und wer sie sein möchten, und sie lieben sich so, wie sie sind. Charismatische Menschen haben häufig Ihren Lebenssinn gefunden beziehungsweise ihr Leben mit Sinn gefüllt. Sie sind engagiert und haben ein sehr hohes Reichtumsbewusstsein – das nicht zwangsläufig etwas mit Geld zu tun hat, sondern zum Beispiel auch etwas mit Wertschätzung.

Drei weitere Eigenschaften, die Charisma an Menschen ausmachen, sind das Interesse am Leben und an anderen, Beweglichkeit in Körper und Geist und die Fähigkeit, sich selbst authentisch zum Ausdruck zu bringen. All dies sind Dinge, die man lernen kann – nur leider nicht von heute auf morgen.

Ich kann Ihnen jedoch versprechen, dass es sich lohnen wird, denn Sie werden nicht nur zu einem begehrenswerteren Partner, sondern auch zu einem glücklicheren Menschen, dem alles im Leben leichter fallen wird und der ein lebenswertes Leben führt.

Eigenliebe und Selbstbewusstsein

Diese Punkte haben wir auch im letzten Kapitel bereits angeschnitten. Eine gute Möglichkeit, mehr Eigenliebe zu entwickeln, ist, anderen Menschen mehr Liebe entgegenzubringen und zu wünschen. Damit sind keine Beziehungen oder Menschen in Ihrer Familie gemeint, sondern Menschen, mit denen Sie im Alltag in Berührung kommen. Verhalten Sie sich anderen gegenüber liebevoll, flirten Sie, sehen Sie Fremde an und

wünschen Sie ihnen innerlich Liebe. Betrachten Sie Bäume, Tiere, Gegenstände mit Liebe.
Mehr Selbstbewusstsein können Sie auch erlangen, indem Sie Tagebuch führen. Legen Sie sich ein kleines Notizbuch zu, in dem Sie allabendlich gute Erlebnisse und Erfolge des Tages (auch wenn es mal nur Kleinigkeiten sind) eintragen. Gönnen Sie sich einen Besuch bei einer Typberatung – vielleicht möchten und können Sie noch ein wenig mehr aus Ihrem Äußeren machen als bisher und werden sich wohler fühlen. Fragen Sie gute Freunde oder Familienmitglieder, wie man Sie sieht, um Ihr Selbstbild mit dem Fremdbild abzugleichen.

Lebenssinn

Falls Sie es noch nicht getan haben, denken Sie darüber nach, wie Sie Ihrem Leben mehr Sinn verleihen können. Wie wäre es, wenn die Welt mit Ihnen ein bisschen schöner, ein bisschen freundlicher, ein bisschen besser ist, als sie es ohne Sie wäre? Denken Sie darüber nach, welche Tätigkeit Ihnen vielleicht schon als Kind Spaß gemacht hat, was Ihnen heute gute Gefühle, Kraft und Befriedigung verschafft. Welche Themen berühren Sie besonders? Wann regen sich Ihre Emotionen? Was ist Ihr Anliegen im Leben? Was könnten Sie damit tun? Welche inneren Schätze könnten Sie auch anderen zur Verfügung stellen?

Reichtumsbewusstsein

Damit ist nicht Ihr Bankkonto gemeint. Wir haben Reichtum auf vielen Ebenen. Großzügigkeit und Offenheit in materieller und immaterieller Hinsicht sind Zeichen von Reichtumsbewusstsein. Sind Sie großzügig mit liebevoller Zuwendung, wertvollen Tipps, unterstützenden Anregungen? Wo auch immer Ihr Reichtum liegt – teilen Sie ihn mit den Menschen. Sie werden sehr bald merken, dass noch mehr davon zu Ihnen kommt.

Interesse

Schon der bekannte Autor Dale Carnegie schrieb in seinen Erfolgsbüchern „Sorge dich nicht, lebe" und „Wie man Freunde gewinnt": Interesse macht interessant. Interessieren Sie sich für andere Menschen, was sie tun und warum. Entscheiden Sie sich für die Neugierde. Sie werden staunen, was Sie alles lernen können.

Bewegung

Geist und Körper gehören zusammen. Gehen Sie öfter mal spazieren, aber bewegen Sie sich auch einmal weg von eingefahrenen Gewohnheiten und Wegen: Benutzen Sie zum Beispiel zur Arbeit andere Wege als die, die Sie immer fahren oder gehen. Stehen Sie mal eine Stunde früher auf und gehen Sie aus dem Haus. Sie werden überrascht sein, wie viele neue Eindrücke und Gedanken Sie gratis bekommen, wenn Sie sich bewegen. Natürlich ist auch körperliche Fitness und Beweglichkeit ein Attraktivitätsmerkmal, eine aufrechte Haltung und ein federnder Gang sind deutlich verlockender als ein Bauchansatz und hängende Schultern.

Ausdruck

Vielleicht halten Sie sich selbst für sehr freundlich und aufgeschlossen, laufen aber meist gedankenverloren durch die Welt. Andere nehmen Sie in diesen Momenten als unscheinbar oder sogar unfreundlich wahr. Das, was Sie von sich zeigen, ist das Einzige, was zählt. Es nützt nichts, sehr witzig zu sein, wenn niemand es je zu hören bekommt, weil Sie sich nicht trauen, den Mund aufzumachen. Sie sind nicht kritisch, solange Sie Ihre Kritik nur mit sich selbst besprechen. Was sagt Ihr Äußeres über Sie aus? Erkennt man, wer Sie sind, wofür Sie stehen? Zeigen Sie sich so, wie es Ihrer Wesensnatur entspricht, und nicht mehr oder weniger nur, um „keinen schlechten Eindruck" zu erwecken – denn genau das wird passieren. Treten Sie der Welt mutig und aufmerksam, selbstbewusster und damit lebendiger entgegen.

In diesem Zusammenhang habe ich eine kleine Übung entworfen, die Ihnen einen schnellen Überblick über Ihr Entwicklungspotenzial gibt. Die folgenden Fähigkeiten sind entscheidende Punkte, die Ihnen Charisma verleihen und Sie zu einem begehrenswerten und attraktiven Menschen machen.

||| ÜBUNG

Machen Sie sich bitte einmal Gedanken zu den folgenden Eigenschaften in ihrer Ausgeprägtheit von 0 bis 5.
(0 = ist nicht ausgeprägt/spielt keine Rolle für mich,
5 = ist sehr ausgeprägt/sehr wichtig für mich)

Anlage/Fähigkeit	0	1	2	3	4	5
Fähigkeit, Harmonie zu schaffen						
Kritikfähigkeit						
Vertrauen gegenüber anderen						
Selbstständigkeit und Unabhängigkeit						
Fähigkeit, fair zu streiten						
Fähigkeit, aktiv zuzuhören						
Kontaktfähigkeit – auf andere zugehen können						
Wahrnehmungsfähigkeit						
Genussfähigkeit (Leben, Besitz, Essen etc.)						
Fähigkeit, Gefühle zu zeigen						
Fähigkeit, Zärtlichkeit zu schenken						
Seelische Wärme und Geborgenheit schaffen						
Fähigkeit und Spaß daran, Freude zu schenken						
Komplimente und Liebe annehmen können						
Fähigkeit, eigene Rechte zu wahren						
Fähigkeit, Leidenschaft zu empfinden						
Sexualität genießen und zeigen können						
Hilfsbereitschaft ohne Gegenleistung						
Sinn für Ästhetik und Schönheit						
Humor						

Hier können Sie sehr gut sehen, wo Sie sich selbst das Leben noch lebenswerter machen können. Sollten Sie alle Punkte mit „2“ und „3“ bewertet haben, denken Sie noch einmal genauer darüber nach. Sind Sie wirklich in allem nur mittel? Oder sind Sie einfach zu zurückhaltend oder zu feige nach rechts oder links auszuweichen?
Seien Sie nicht zu bescheiden – aber auch ehrlich zu sich selbst. Haben Sie keine Angst, dass Sie keinen Partner finden werden, solange Sie nicht bei allen Punkten die „5“ ankreuzen können. Machen Sie sich nur klar, wo Sie noch dazulernen können. Das wird Sie nicht nur für andere attraktiv machen, es wird auch Sie selbst glücklicher, zufriedener und selbstsicherer machen.

ZUSAMMENFASSUNG

- Ein entscheidender Faktor für den Erfolg ist die klare Absicht! Hoffen und warten Sie nicht: Beabsichtigen Sie!
- 95 Prozent unseres Selbst sind unbewusst – wir leben, denken, handeln, entscheiden meist unbewusst. Das Unbewusste jedoch zu beeinflussen, ist möglich und entscheidend für unseren Erfolg.
- Charismatischen Menschen stehen viele Türen offen, und es lässt sich erlernen, mehr Charisma und eine gewinnende Ausstrahlung zu entwickeln.
- Die Schlüssel zu mehr Charisma sind Selbstbewusstsein, Eigenliebe, Lebenssinn, Reichtumsbewusstsein, Interesse, Bewegung und Ausdruck.

Sexuelle Anziehung

Schönheit ist die vollkommene Übereinstimmung
Des Sinnlichen mit dem Geistigen.

Franz Grillparzer, Schriftsteller

Sexuelle Anziehungskraft ist eine der wichtigsten Kräfte, die Sie von „nett“ und „sympathisch“ zu „attraktiv“ und „begehrenswert“ machen. Ohne sexuelle Anziehungskraft sind und bleiben Sie stets nur ein guter Freund oder eine nette Bekannte.

Der Sexualtrieb selbst wird oft als das „Tierische“ im Menschen verunglimpft, als Relikt aus der Steinzeit, das unsere Gedanken und unsere Gefühle durcheinanderbringt. Tatsächlich aber sind die Menschen in ihrer Gesamtheit leidenschaftlicher und ausdauernder sexuell aktiv als jede andere Spezies.

Beim Menschen ist der Geschlechtstrieb in seinem ursprünglichen Zweck, der Fortpflanzung, in den Hintergrund gerückt. Stattdessen spielt Sex die nicht minder bedeutende Rolle als soziales Bindeglied: Die Natur hat uns so angelegt, dass wir uns nicht auf abstrakte Ideen von Loyalität und Liebe verlassen, sondern fähig sind zu tiefer Hingabe, die uns langfristig mehr Freude und Anerkennung einbringt als jede andere Erfahrung.

Die Sexualität schließt das Gehirn mit ein. Sie steht in direktem Bezug zu unseren Gefühlen und Gedanken, die weit über sinnliche Lust hinausgehen. Deshalb hat Sex eine so wichtige, besondere und manchmal auch schwierige Rolle in der Gesellschaft, aber auch in der Partnerschaft selbst.

Diese Rolle und ihre Wichtigkeit zu verleugnen, wäre wie eine Suppe ohne Salz: langweilig und gänzlich ohne Würze.

Begegnen sich Mann und Frau, taucht instinktiv die Frage auf: „Ist die andere Person sexuell begehrenswert? Möchte ich sexuellen Kontakt mit ihr?“ Erst danach schaltet sich der Verstand ein und hinterfragt: Entspricht diese Person meinen Anforderungen und Werten? Was wird von mir erwartet? Passt das Alter? Und so weiter. Das gegenseitige Abschätzen bei einem ersten Kontakt nimmt nicht viel Zeit in Anspruch, möglicherweise nur einige Momente.

Diese sexuelle Anziehung wird auch bestimmt von Faktoren, die nicht beeinflussbar sind – erwähnt seien hier die sogenannten Pheromone. Sexualpheromone sind Botenstoffe, die ein chemisches Signal übermitteln, welches dem potenziellen Partner unbewusst Aufschluss über die Kompatibilität geben soll. Männer und Frauen sondern diese Botenstoffe über die Schweißdrüsen der Haut ab und setzen so auch ganz unfreiwillig eine Botschaft ab, die dem Gegenüber mitteilt, ob man sozusagen besonders geeignet wäre für gesunden Nachwuchs miteinander. Da dieser Code jedoch bei jedem Menschen anders ist und nicht mit jedem anderen kompatibel, nützen teure Pheromonparfums leider gar nichts.

Entscheidend ist eher die sexuelle Ausstrahlung eines Menschen, die geboren wird aus seinem sexuellen Bewusstsein und dem damit einhergehenden Verhalten.

Der Verlust oder gar die Verhinderung eines sexuellen Bewusstseins bei einem Menschen kann viele Gründe haben:

- Schlechte Erfahrungen mit dem anderen Geschlecht,
- Verleugnen der Sexualität durch mangelndes Selbstbewusstsein oder moralische beziehungsweise ethische Dogmen,

- mangelnde sexuelle Erfahrung,
- Missverständnisse über die sexuellen Bedürfnisse des anderen Geschlechts,
- Tabuisierung von Sexualität in der Erziehung,
- ein Elternhaus, in dem Sex kein Thema war oder ist.

Die Folgen eines mangelnden sexuellen Bewusstseins sind fatal: Man glaubt, im Grunde alles richtig zu machen, und wird doch immer wieder abgelehnt.
Viele Männer beschreiben das „Gute-Kumpel-Phänomen": gut aussehende, gebildete, nette Männer, die immer wieder zu hören bekommen: „Du bist wirklich toll, aber mehr so als Freund."
Bei Frauen kommt es meist gar nicht so weit, weil Männer sehr stark auf Frauen mit sexueller Ausstrahlung „anspringen". Ist sich eine Frau ihrer Sexualität und damit Ihrer Anziehungskraft auf Männer nicht bewusst, kommt es meist gar nicht zum Kontakt, weil sie es nicht wagt, die Männer, die ihr gefallen, überhaupt anzusehen.
Das kommt bei Männern ebenso vor: Männer ohne gesundes sexuelles Bewusstsein haben oft regelrecht Angst vor Frauen. Weil sie bei einer für sie attraktiven Frau an ihren Sexualtrieb erinnert werden, für den sie sich dann jedoch schämen.
Ich möchte behaupten, dass weit über 50 Prozent meiner Teilnehmer in den Flirtkursen in Wirklichkeit ein Problem mit ihrer Sexualität beziehungsweise ein mangelndes sexuelles Bewusstsein haben.

Wie können Sie Ihr sexuelles Bewusstsein stärken?

Gewinnen Sie mehr Körperbewusstsein: Sie bestehen nicht nur aus Ihren Gedanken und Ihrem Kopf, all das wird getragen von Ihrem Körper, der Ihre Gedanken und Gefühle ebenso ausdrückt, wie Ihre Worte es tun (sollten). Lernen Sie Gefallen an Ihrem Spiegelbild und an Ihrem Körper zu finden. Pflegen Sie ihn bewusst mit wohlriechenden Duschgels, Ölen und Cremes. Gönnen Sie sich eine Ganzkörpermassage. Spüren Sie bewusst, wie wohltuend es ist, berührt, geknetet und gestreichelt zu werden.

Treiben Sie körperbetonten Sport. Nehmen Sie auch mal ein paar Yogastunden. Yogaschulen sprießen überall wie Pilze aus dem Boden, und meist gibt es eine kostenlose Probestunde für Anfänger. Yoga ist eine hervorragende Methode, das Bewusstsein für den eigenen Körper zu erwecken, auch – und gerade – für Männer!

Kaufen Sie sich schöne Unterwäsche – das gilt ebenso für die Herren! Nichts ist unerotischer als ein Mann in Feinripp oder ausgeleiertem Slip. Sie werden sich anderes fühlen, wenn ein angenehm weicher, zarter Stoff Ihre Geschlechtsmerkmale umhüllt.

Lernen Sie tanzen – vor allem Salsa und Tango sind hocherotische Tänze, die Ihnen einen Weg zu Ihrer eigenen Erotik zeigen können. Ob Sie dabei den schnellen, rhythmischen und eher verspielten Salsa oder den eher strengen, erwachseneren, aber dabei nicht minder erotischen Tango Argentino wählen, bleibt ganz Ihnen überlassen. Beim Tanzen gibt es auch gleich den angenehmen Nebeneffekt, dass Sie dabei neue Menschen kennenlernen! Generell ist das Tanzen eine sehr gute Methode für mehr Körperbewusstsein, und der richtige Musiktitel dazu kann sein Übriges tun.

Sehen Sie sich erotische Filme an – nein, ich meine nicht Pornos. Pornos haben den Nachteil, dass die sexuellen Begegnungen meist völlig unnatürlich sind und die Schamgrenze nur noch höher steigt. Ich spreche von erotischen Filmen, in denen es um die Anziehungskraft zwischen Männern und Frauen geht, nicht um den Geschlechtsakt an sich. Filme wie „Basic Instinct", „9 ½ Wochen", „Malena", „Bound" und viele andere können Sie durchaus in die richtige Stimmung bringen.

Betreiben Sie Selbstbefriedigung – und zwar ohne jedes Schamgefühl. Ihre Sexualität gehört Ihnen, und Sie dürfen damit machen, was immer Sie möchten. Finden Sie heraus, was Ihnen gut gefällt, lernen Sie die Bedürfnisse Ihres Körpers kennen. Erfahren Sie Selbstbefriedigung nicht als schamvollen Akt zur schnellen Stillung verbotener Gelüste, sondern als sinnvolle Handlung zur Bewahrung und Erfahrung Ihres sexuellen Bewusstseins.

Sexualität ist nicht schmutzig! Sie ist nicht schlecht, nicht verboten, nicht falsch und auch nicht tiergleich. Erotik und Sex sind etwas Wunderschönes, das Sie mit einem Menschen teilen, das Sie ihm oder ihr schenken können.

Lesen Sie weitere Literatur zu diesem Thema, zum Beispiel:

- „Warum noch darauf warten? Sextipps für Frauen“ von Sylvia de Bejar,
- „Der Weg des wahren Mannes“ von David Deida,
- die Bücher von Lou Paget und Anne West (siehe auch Literaturtipps am Buchende).

An die Frauen

Machen Sie sich bewusst, dass Männer in der Geschichte der Menschheit für Frauen mit großer sexueller Ausstrahlung alles, aber auch wirklich alles getan haben. Von Kleopatra bis Angelina Jolie – eine Frau, die um ihre Erotik weiß, weiß um ihre Macht. Königreiche sind untergegangen, weil eine Frau einem Mann den Kopf verdrehte. Und dabei ging es gewiss nicht um perfekte Körpermaße, sondern um die Ausstrahlung und das Wissen, wie sie dem Mann die Sinne raubt … Männer lieben Sex, Männer wollen Frauen – nicht umsonst ist die Prostitution ein so altes und immer erfolgreiches Gewerbe!

Männer machen sich beständig Gedanken darum, wie sie eine Frau kennenlernen können – Sie sind bereits eine: herzlichen Glückwunsch!

An die Männer

Frauen haben in den letzten 500 bis 1000 Jahren leider gelernt, dass allzu offen gezeigte Sexualität etwas Schlechtes ist. Wenn ein Mann zahlreiche Bettgeschichten hatte, ist er ein Held, allenfalls noch ein Schürzenjäger – eine Frau aber ist eine Schlampe. Es liegt daher doch eigentlich auf der Hand, warum

Frauen in der Kommunikation in Sachen Sex sehr zurückhaltend sind. Das heißt aber nicht, dass sie kein Interesse daran haben – im Gegenteil. Alle gesunden Frauen lieben Sex – sie wollen ihn nur nicht mit jedem dahergelaufenen Idioten.
Da wiederum unterscheiden sich die Geschlechter: Viele Männer würden auch Sex mit einer dahergelaufenen Idiotin haben, wenn sich die unverbindliche Möglichkeit ergäbe.
Die Aufgabe, die es zu erfüllen gilt und an der die meisten Menschen scheitern, ist die sexuelle Ausstrahlung zuzulassen, ohne dabei übers Ziel hinaus zu schießen.
Die häufigsten Fehler bei Männern:

- Aus Angst, man könnte zu aufdringlich sein, zu direkt oder zudringlich, wird die Sexualität lieber ganz verleugnet. Ergebnis: bestenfalls die Freundschaftsschiene oder direktes Aus.
- Die Wünsche und Bedürfnisse der Frauen werden aus Unkenntnis völlig falsch eingeschätzt und das Thema Sexualität zurückgestellt, bis die Frau ein „eindeutiges Zeichen“ gibt. Ergebnis: Die Frau wird kein Zeichen geben, da sie denkt, der Mann habe kein sexuelles Interesse an ihr.
- Um zu zeigen, was für ein Kerl man ist und dass man alle heißen Methoden der Aufreißkönige voll drauf hat, wirkt man unauthentisch und notgeil. Ergebnis: direktes Aus.

Die häufigsten Fehler bei Frauen:

- Aus Angst, man könnte wie ein Flittchen wirken, schaut man nur auf den Boden und wird nervös, wenn ein attraktiver Mann in der Nähe ist. Ergebnis: gar keins.
- Aus Angst, man könnte wie ein Mauerblümchen wirken, wirft man sich in erotische Fummel und benutzt auffälligen Lippenstift. Ergebnis: Der Mann denkt sich, man ist auf ein erotisches Abenteuer aus und beginnt, sich wie ein Idiot zu benehmen. Meist schreckt man die guten Männer damit ohnehin ab und wundert sich, dass man immer nur von Idioten angesprochen wird.

All das wird nicht mehr passieren, wenn Sie ein gesundes, liebevolles Verhältnis zu Ihrer Sexualität entwickeln und sie als wichtigen und begehrenswerten Teil Ihrer Persönlichkeit wahrnehmen.

ZUSAMMENFASSUNG:

- Sexualität und sexuelle Ausstrahlung sind das Salz in der Suppe der Anziehung.
- Sexuelle Ausstrahlung wird geboren aus sexuellem Bewusstsein.
- Sexuelles Bewusstsein kann sich nicht gesund entwickeln, wenn Sexualität tabuisiert wird.

Der Topf zum Deckel

Wenn ich mit Menschen- und Engelszungen redete, hätte aber die Liebe nicht, so wäre ich nur ein tönendes Erz oder eine gellende Zimbel. (...)

Jetzt schauen wir durch einen Spiegel, unklar, dann aber von Angesicht zu Angesicht. Noch ist mein Erkennen Stückwerk, dann aber werde ich erkennen, wie auch ich erkannt worden bin.

Aus der Bibel, 1. Korinther, Kapitel 13: Das Hohelied der Liebe

Sie wissen nun genauer, was Sie suchen, Sie haben ein klareres Bild von sich und gelernt, wie Sie Ihre Chancen erhöhen. Wie aber finden Sie nun den Topf zum Deckel?

Bei all den strategischen Überlegungen ist doch meist so, dass man einen potenziellen Traumpartner an Dingen erkennt, die sich in Büchern kaum beschreiben lassen. Manchmal ist es nur eine Kleinigkeit, die unsere Aufmerksamkeit erregt und uns fesselt – genau wie es manchmal auch kleine Dinge sind, die uns abstoßen.

In der Fernsehserie „Ally McBeal" ist Ally eine neurotische Anwältin, die eigentlich immer noch in ihre Jugendliebe Billy verliebt ist. Stets ist sie auf der Suche nach ihrem Traumpartner und immer wieder trifft sie „Kandidaten", die vielversprechend erscheinen – und sich dann in kleinen Momenten als unerträglich entpuppen. Weil sie zum Beispiel ein Lachen haben, das kaum zu ertragen ist, oder sich beim Essen beständig unappetitlich mit Soße bekleckern. Auch der Kolumnistin Carrie Bradshaw und ihren Freundinnen in der Serie „Sex and the City" geht es nicht viel besser: Vermeintliche Traummän-

ner schießen sich selbst ins Aus durch Dinge wie Toilettenbesuche mit offener Tür, seltsame kleine Angewohnheiten oder ungewöhnliche sexuelle Vorlieben.
Das sind nun alles fiktive Beispiele. Aber bestimmt kennen Sie das auch: Der Mensch, der Ihnen gegenübersitzt, ist im Grunde nicht unsympathisch, aber …

- Er/Sie antwortet regelrecht mechanisch auf Ihre Fragen.
- Er/Sie redet die ganze Zeit über Dinge, die Sie eigentlich gar nicht interessieren.
- Er/Sie scheint eine Art Liste abzuhaken, während er ein Gespräch mit Ihnen führt, das auch ein Verhör sein könnte.
- Er/Sie pult ungeniert Essensreste aus den Zähnen.
- Er/Sie behandelt die Servicekräfte herablassend.
- Er/Sie isst wie ein Schwein oder pickt nur unentschlossen auf dem Teller herum.

Auch wenn er oder sie scheinbar alles richtig macht, kann es dennoch sein, dass einfach nichts rüberkommt. Es ist nett – aber nicht mehr.
All das kann passieren und ist kein Beinbruch. In den nächsten Kapiteln bekommen Sie hilfreiche Tipps, wie Sie in Zukunft viele Dates mit Spaßfaktor generieren können. Lassen Sie also nicht den Kopf hängen, wenn ein Date nicht so läuft, wie Sie es sich erhofft hatten. Aber seien Sie auch nicht allzu streng mit den potenziellen Kandidaten – es gibt einen Unterschied zwischen „Anfangsschwierigkeiten“ geboren aus Nervosität beider Personen, die zum ersten Mal aufeinandertreffen, und „No-Gos“.

Konstruieren Sie gedanklich eine Situation, in der es anstrengend zugeht, und fragen Sie sich, wie Ihr Datingpartner diese Situation bestehen würde.
Denken Sie auch mal über sich selbst nach: Sind oder wirken Sie geizig, schlampig, pingelig, ungeduldig, zickig, ängstlich?

Praxisbeispiel:
Vor einigen Jahren traf ich einen Interessenten für ein Coaching in einem Café zum Vorgespräch, das ich kostenlos anbiete, um sich unverbindlich kennenzulernen. Diese Vorgespräche sind in aller Regel auf eine halbe Stunde begrenzt. Der Herr, ein gut situierter Geschäftsmann, erzählte mir von seinen Schwierigkeiten, eine passende Partnerin zu finden. Er erklärte mir, wie falsch viele Frauen seien und womit man sich herumschlagen müsse. Er erwähnte zweimal, dass er auch gar nicht sicher sei, ob ich ihm überhaupt helfen könne, und fragte mich beständig nach meinen Qualifikationen, wo ich was gelernt hätte und welche Abschlüsse ich hätte. Wir kamen überhaupt nicht weiter. Der Mann war gut aussehend, beruflich erfolgreich und gebildet, aber er fiel mir ständig ins Wort, jammerte und klagte und schien eigentlich nur nach Argumenten zu suchen, warum auch ich ihm nicht helfen könne. Nach fast eineinhalb Stunden beendete ich das Gespräch, da ich bald einen anderen Termin und bereits deutlich mehr Zeit investiert hatte, als üblich. Ich hatte inzwischen ein recht gutes Bild davon, warum dieser Mann keine liebevolle, ehrliche, freundliche Partnerin anzog. Das Bild verfestigte sich, als die Kellnerin kam und die Rechnung brachte und er ganz souverän: „Getrennt!“ verkündete.

Der Herr würde seine Reaktion und auch seine Vorurteile und Schwierigkeiten sicherlich weiterhin sehr gut verargumentieren. Fakt ist jedoch: Egal wie gut die Argumente sind – es würde nichts daran ändern, dass er so nie die Art von Partnerin anzieht, die er sich wünscht.

Jeder Mensch ist genau wie Sie eine eigene Welt – jeder hat seine eigenen Erlebnisse, die bestimmen, wie er denkt und handelt. Jede fremde Welt gilt es zunächst zu erforschen – manche Welten jedoch passen einfach nicht zueinander oder wollen nicht erforscht werden.

Jeder potenzielle Partner ist auch gleichzeitig eine Leinwand, auf die wir unsere (auch unbewussten) Sehnsüchte und Erwartungen projizieren. Deshalb funkt es häufig auch bei Menschen, die gar nicht unserem bewussten Bild eines Traumpartners entsprechen.

Verlieben geschieht unbewusst

In den letzten Kapiteln haben Sie sich ja bereits mit den 95 Prozent Ihres Unbewusstseins und seiner Beeinflussung beschäftigt. Wenn es um den Prozess des Verliebens geht, sind auch diese 95 Prozent wieder gefragt: Unbewusste Inhalte möchten in aller Regel irgendwann bewusst werden, doch häufig gelingt das nicht einfach so. Unser Unterbewusstsein ist wie eine Membran zwischen unserem Bewusstsein und unserem Unbewusstsein, die mittels Mut und Angst filtert, ob uns etwas bewusst werden soll oder besser nicht. Sind wir jedoch zu ängstlich, werden uns viele Dinge nicht bewusst, die jedoch für unsere Weiterentwicklung sinnvoll wären. Ein unbewusster Inhalt, der uns bewusst werden möchte, ist aber im Grunde ganz einfach zu finden: Wir erkennen ihn an unliebsamen Situationen und Begebenheiten, die uns immer wieder passieren. Die Psychologie sagt: „Dir passiert das, was du von dir nicht wissen wolltest."

Menschen, die immer wieder von anderen abgelehnt werden, sollten überprüfen, ob sie sich in Wirklichkeit selbst ablehnen oder ob sie anderen Menschen misstrauen und diese im Grunde ablehnen, selbst aber angenommen werden möchten. Menschen, die immer wieder ausgenutzt werden, haben häufig keine sehr hohe Meinung von sich selbst. Sie sehen an diesem Beispiel, wie wichtig es ist, Ihr Unbewusstes mit positiven Inhalten zu füllen.

Verlieben wir uns, steht am Anfang die Aufregung. Diese Aufregung entsteht dadurch, dass diese Person bestimmte Aspekte verkörpert, die unbewusste Inhalte in uns aufregt, an die wir alleine nicht herankommen.

Praxisbeispiel:

Anja war ein perfektes Beispiel für diese Konstellation: Sie stammte aus einer Familie, die schon über Generationen hinweg ein erfolgreiches Familienunternehmen führte. Ihr Weg war im Grunde vorgezeichnet, und sie hatte es nie infrage gestellt, aber auch nicht als unangenehm empfunden. Es war eben in ihrer Familie ganz normal, eine Laufbahn im Rahmen der Unternehmensführung einzuschlagen. Nur eine Sache funktionierte überhaupt nicht: Sie konnte keinen adäquaten Partner finden. Ständig verliebte sie sich in Lebenskünstler, in Kellner,

Barkeeper oder Musiker. Sie suchte mich auf, weil sie nun endlich einen Mann kennengelernt hatte, der im Grunde all ihren Erwartungen und Anforderungen entsprach – doch leider langweilte sie sich mit ihm. Ich fragte sie, wie dieser Mann wäre und was er hätte und was sie an den anderen faszinieren würde. Das Ergebnis des Gesprächs war im Grunde ganz einfach: Sie war fasziniert von der Lebensweise dieser Männer, das Unsichere und Wankelmütige reizte sie ungemein, weil sie es nicht kannte und vermutlich in ihrem eigenen Leben auch nie erleben würde. Ihr Leben war klar, linear und sicher, und das würde es immer bleiben. Ein Mensch, dessen Leben ebenso war wie ihres, reizte sie deshalb kaum. So wurde ihr dann letztlich doch dieser unbewusste Aspekt bewusst: Sie hatte eigentlich einen Hunger nach Abenteuer und danach, auch mal etwas ohne Sinn und Verstand zu tun.

Versuch macht klug

Jede Verliebtheit, egal ob sie nun „gut" oder „böse" endet, bietet uns daher in jedem Fall die Chance, etwas über uns zu lernen. Der Buddhismus betrachtet das Leben als „eine Reihe von Erfahrungen", die man machen darf und soll. Erfahrungen zu verhindern, funktioniert nicht, da man durch den Versuch des Verhinderns einer bestimmten Erfahrung ja letztlich eine andere, aber eben auch eine Erfahrung macht.

Ich selbst habe eine ganz einfache, aber wichtige Erfahrung gemacht: Angst und Misstrauen lohnen sich nicht! Alle Aussagen und Handlungen, die Sie aus Angst und oder Misstrauen tätigen, führen Sie nur weiter weg von Ihren Zielen, weiter weg von der Liebe und weiter weg von sich selbst.

Außerdem ziehen Sie mit der Fokussierung auf Ihre Ängste und Ihr Misstrauen immer wieder Negatives an – Sie suchen regelrecht danach, und Sie werden es auch finden.
Besonders bekannt wurde folgendes Beispiel aus dem Buch „Anleitung zum Unglücklichsein“ von Paul Watzlawick. Darin beschreibt der Autor einen Mann, der alle zehn Sekunden in die Hände klatscht. Nach dem Grund für dieses merkwürdige Verhalten befragt, erklärt er: „Um die Elefanten zu verscheuchen.“ Auf den Hinweis, es gebe hier doch gar keine Elefanten, antwortet der Mann: „Na, also! Sehen Sie?“ Damit wollte Watzlawick zeigen, dass der konsequente Versuch, ein Problem zu vermeiden – hier: die Konfrontation mit Elefanten – es in Wirklichkeit verewigt.
Versuchen Sie also in Zukunft, nichts mehr zu vermeiden. Werfen Sie Ihre Angst oder Ihr Misstrauen über Bord, egal wie berechtigt es Ihnen erscheint. Neue Erfahrungen können Sie nur machen, wenn Sie Sie selbst und mutig sind.
Kämpfen Sie nicht mehr um Liebe – verschenken Sie selbst welche. Menschen, die Liebe empfangen können, können sie auch zurückgeben. Lernen Sie selbst also auch, Liebe zu empfangen. Ich kenne etliche Menschen, die immer wieder klagen, sie würden so viel tun und nichts zurückbekommen. Sie selbst gönnen sich gar nichts. Will man ihnen etwas Gutes tun, wehren sie sich mit Händen und Füßen oder bedanken sich mit einem „Das wäre doch nicht nötig gewesen“ oder versuchen sofort, die Gabe mit einem Gegengeschenk, das Kompliment mit einem Gegenkompliment auszugleichen. Das sind Menschen, die nicht empfangen können. Sollten Sie sich wieder-

erkannt haben: Lernen Sie anzunehmen. Lernen Sie „Danke" zu sagen und sonst nichts. Lernen Sie, sich zu freuen, wenn jemand etwas für Sie tut, auch wenn es nicht so perfekt ist, wie das, was Sie getan hätten.
Wenn Sie auf einen solchen Menschen treffen, seien Sie vorsichtig und finden Sie heraus, ob die Person ihre Einstellung noch verändern kann und will oder nicht. Mit einem Partner zusammen zu sein, der nicht empfangen kann, ist genau so unbefriedigend wie mit einem Partner, der nicht geben kann.

Geben und empfangen Sie mit offenem Herzen:

- Verschenken Sie Ihr Lächeln an Fremde.
- Loben Sie Menschen in Ihrer Umgebung und machen Sie Komplimente, wo immer Ihnen etwas auffällt: ein schönes Schaufenster oder eine tolle Warenauslage, ein schönes Kleidungsstück bei einer/m Fremden in der U-Bahn, eine besonders gut gelaunte Kassiererin im Supermarkt, eine nette Atmosphäre in einem Café, ein gutes Essen, ein schneller Service und so weiter.
- Helfen Sie fremden Menschen unaufgefordert: Fragen Sie die ältere Dame, ob Sie ihr die Tasche ein Stück tragen sollen, halten Sie Türen auf, fragen Sie verwirrte Touristen, was sie suchen und ob Sie behilflich sein können.
- Verschenken Sie etwas Liebe: Backen Sie einen Kuchen, wenn Ihre Nachbarin Geburtstag hat, verschicken Sie Postkarten an Freunde und Verwandte, die Sie lange nicht gesehen haben, geben Sie nicht nur Trinkgeld, wenn die Bedienung freundlich war, sondern bedanken Sie sich auch mit Worten.

Lernen Sie zu geben und auch anzunehmen, was zurückkommt. Lernen Sie auch, wie es sich anfühlt, wenn jemand nicht empfangen möchte oder nicht zurückgeben kann. Daran können Sie sehen, welche Gefühle dieses Verhalten bei anderen auslöst, wenn Sie es selbst an den Tag legen.
Gehen Sie durch Ihre Stadt oder Ihr Dorf und nehmen Sie sich vor, jedem Menschen, der Ihnen begegnet, Liebe und Glück zu wünschen. Sehen Sie Menschen an und denken Sie: „Ich wünsche dir Liebe und Glück!" Das ist am Anfang gar nicht so einfach, vor allem, weil Menschen plötzlich mit Aufmerksamkeit reagieren, obwohl Sie doch gar nichts gesagt haben. Das müssen Sie auch nicht, man kann es spüren.
Jemand anderem von Herzen Glück und Liebe zu wünschen, wird Sie selbst glücklicher machen. Probieren Sie es aus – es lohnt sich. Glückliche Menschen wirken besonders anziehend auf Menschen, die ebenfalls glücklich sind, aber auch auf solche, die es gerne wären.
Ein Mensch, der gerne glücklich wäre, sieht in einem glücklichen Menschen seine Chance, auch endlich glücklich zu werden. Das funktioniert aber nur, wenn er selbst auch die Voraussetzungen dazu geschaffen hat. Sie haben in den letzten Kapiteln viel getan, um diese Voraussetzungen zu schaffen – gehen Sie klug damit um!

Nehmen Sie nicht den Erstbesten

Machen Sie sich klar, dass Sie mit diesen Voraussetzungen in den nächsten Wochen und Monaten viele Menschen anziehen werden, deutlich mehr als früher. Ihre Auswahl wird größer

werden, wenn Sie die von mir beschriebenen Übungen wirklich machen und beständig in Ihr Leben integrieren.
Gerade wenn Sie vielleicht schon längere Zeit ohne Partner und/oder unerfahren in Sachen „Dating“ sind, können Sie das nur schwer glauben. Einige Menschen, die meine Flirttrainings absolviert haben, sind manchmal regelrecht überfordert damit, dass sie plötzlich so einfach Kontakt zu anderen Menschen aufbauen können, sodass sie häufig dazu neigen, die erstbesten Begegnungen, die sie machen, überzubewerten.
Machen Sie sich klar: Sie suchen den passenden Deckel für Ihren Topf – nicht irgendeinen!
Wenn Sie einen Menschen treffen, der Ihren Erwartungen nicht entspricht, glauben Sie nicht, dass sich das mit der Zeit schon gibt. Das wird es nicht!

||| ZUSAMMENFASSUNG

- Auch vermeintliche Kleinigkeiten geben Ihnen Aufschluss über den Charakter eines Menschen.
- Ihnen widerfährt das, was Sie von sich nicht wissen wollen.
- Ihr potenzieller Partner ist auch die Leinwand für die Projektion Ihrer Wünsche und Sehnsüchte an Ihr eigenes Leben.
- Geben Sie frei und mit offenem Herzen und lernen Sie zu empfangen.
- Begegnen Sie allen Menschen mit Liebe und verschenken Sie gute Gefühle an Fremde.
- Suchen Sie Ihren Deckel, nicht irgendeinen.

3, 2, 1 … Wir! Wo finde ich, was ich suche?

Wo findet der Topf seinen Deckel? Tagtäglich begegnen Ihnen Menschen, irgendwo muss doch der oder die Richtige sein! Öffnen Sie Ihre Augen und Ihr Herz für neue Erfahrungen. Probieren Sie mal etwas Neues oder auch etwas ganz Althergebrachtes aus. Ihrem Traumpartner könnten Sie tatsächlich überall begegnen.

Wie und wo finde ich denn nun einen passenden Partner …

Sehr viele und vielleicht die meisten Menschen müssen, um etwas zu finden, erst wissen, dass es da ist.

Georg Christoph Lichtenberg, Schriftsteller und Physiker

Umfragen und Untersuchungen verschiedener Institutionen in den letzten Jahren zeigen, wo es am häufigsten funkt: Immer noch mehr als die Hälfte aller Paare hat sich über private Kontakte kennengelernt – also zum Beispiel bei privaten Festen und Partys, über Freunde und Bekannte.

Fast ein Drittel aller Beziehungen entstand über den Beruf – am Arbeitsplatz oder bei anderen beruflichen Aktivitäten wie Seminaren, Kongressen oder Ähnlichem.

Etwa gleich auf sind danach inzwischen das Kennenlernen über Anzeigen, Partnerportale im Internet und Ähnliches und das Kennenlernen in Vereinen, Freizeitgruppen oder bei Freizeitaktivitäten. Nur wenige (dauerhafte) Partnerschaften entwickeln sich aus Bekanntschaften in Discos oder im Urlaub.

Der Traumpartner wartet überall

Ganz gleich, was die Statistik sagt, einem möglichen Partner können Sie überall begegnen. Meinen ersten Freund zum Beispiel lernte ich bei einem Polterabend kennen, den zweiten bei einer Abifete. Der dritte Partner begegnete mir bei einer Städtereise. Der vierte war der Freund eines Freundes eines ehemaligen Kollegen. Mein Mann ist Musiker und ein Freund von Freunden, die in Hamburg einen angesagten Musikclub führen – doch zum ersten Mal „entdeckt" haben wir uns bei einem Internetportal für Musiker ... Ausgerechnet dort den Mann fürs Leben zu finden, ist mehr als unwahrscheinlich – und dennoch hat es offensichtlich funktioniert!

Ich habe schon die skurrilsten und lustigsten Geschichten gehört, wo Paare einander begegnet sind: Die Freundin eines Freundes hat einen langjährigen Partner bei einer Beerdigung kennengelernt, eine andere traf ihren Mann in der Sauna, einer fand sein Glück beim Joggen um die Alster. Auch bei meinen Flirttrainings haben sich schon Paare gefunden, und zwei Freunde von mir sind glücklich liiert mit ehemaligen Kundinnen.

Die Statistik soll Sie also auf keinen Fall davon abhalten, an allen möglichen Orten und zu allen Gelegenheiten einfach Menschen kennenzulernen. Sie soll Ihnen jedoch zeigen, worauf Sie verstärkt achten können: Haben Sie zum Beispiel einen Beruf, in dem Sie nur wenige neue Kontakte zum anderen Geschlecht finden können, sollten Sie im Privaten mehr unternehmen, um Menschen kennenzulernen. Beurteilen Sie jedoch neue Bekanntschaften in ihrer Qualität nie danach, ob dieser Mensch ein adäquater Partner sein könnte, sondern denken Sie bitte weiter!

Lernen Sie viele Menschen kennen

- Zum einen führt das dazu, dass Sie viel erleben und stets etwas zu erzählen haben.
- Freundschaften und Bekanntschaften können auch einige Ihrer Beziehungsbedürfnisse befriedigen, sodass Sie sich weniger einsam fühlen werden, was Sie im Umkehrschluss attraktiver für einen potenziellen Partner macht.
- Menschen, die Sie mögen, werden sicherlich andere Menschen kennen, die für Sie infrage kommen könnten und denen Sie bei der nächsten Geburtstagsfeier, Party oder Essenseinladung ganz automatisch über den Weg laufen.
- Die beständige Begegnung mit unterschiedlichen Menschen macht Sie sicherer im Umgang mit Fremden und erhöht so Ihre Chancen, auch in den unmöglichsten Momenten charmant und souverän zu sein.

In den folgenden Kapiteln werden wir diverse Methoden genauer unter die Lupe nehmen, doch grundsätzlich gilt: Werden Sie kreativ und verheimlichen Sie Ihrer Umwelt nicht, dass Sie bereit sind für eine Partnerschaft und sich verlieben möchten!

Für viele Leute ist es der Horror, von Freunden „verkuppelt“ zu werden. Doch seien wir mal ganz ehrlich: Wenn Ihre Freunde Sie tatsächlich kennen, dann ist die Chance, dass man Ihnen jemand Passendes vorstellt, doch gar nicht so übel?

Partnersuche als Rechenaufgabe

Wenn Ihre Freunde also gar nicht wissen, was Sie suchen, können Sie nicht behilflich sein, und es muss dann schon der Zufall zur Hilfe kommen. Machen Sie es sich einfacher: Bestimmt kennen Sie zehn Menschen, die Sie mögen. Stellen Sie sich vor: Jeder dieser Menschen kennt auch wieder zehn Menschen – das macht dann schon 100. Kennt jeder dieser 100 Menschen wiederum auch nur zehn weitere, sind das schon 1000 ... und manche Menschen kennen ja deutlich mehr als nur zehn Menschen.

Machen Sie sich mit dem Gedanken vertraut, dass Sie Zeit und auch Geld in Ihre Suche investieren müssen, damit sie den bestmöglichen Erfolg hat. Wenn Sie die Chance hätten, Ihren Traumjob zu ergattern, wären Sie sicher bereit, in gute Bewerbungsfotos, eine makellose Bewerbung, gute Kleidung für das Vorstellungsgespräch und vielleicht auch Weiterbildung zur Qualifikation für Ihren Traumjob zu investieren. Sie würden Zeit aufwenden und die besten Möglichkeiten ausloten, um Ihrem Ziel näher zu kommen. Und dabei geht es „nur“ um einen Job!

Hier sprechen wir von dem Menschen, der vielleicht für den Rest Ihres Lebens an Ihrer Seite sein soll, mit dem Sie womöglich eine Familie gründen. Das sollte Ihnen ein wenig Aufwand zeitlicher und auch finanzieller Art wert sein.

Investieren Sie in sich selbst

Lassen Sie sich beraten, wie Ihr Äußeres bestmöglich zur Geltung kommt, denn das ist die „Verpackung“, von deren Wirkung jeder „Interessent“ auf den Inhalt schließt.
Legen Sie sich vielleicht ein Handy zu, das Sie ausschließlich für die Kommunikation mit neuen Bekanntschaften verwenden. Diese Nummer können Sie frei und bedenkenlos herausgeben und die Nummern, die Sie speichern, vermischen sich nicht mit Ihren Freunden, Familien- und Geschäftskontakten. Sie haben außerdem den Vorteil, dass Sie erreichbar sind – nichts ist schlimmer, als die Telefonnummer einer Person zu haben, die man nie erreicht!
Holen Sie sich bei einem der gängigen Anbieter eine kostenlose E-Mail-Adresse mit Internetpostfach, die Sie nur fürs Dating benutzen. Falls Sie zu Hause keinen Computer haben, können Sie diese auch von jedem Internetcafé aus abrufen. Diese Adresse können Sie ebenfalls herausgeben, ohne dass man gleich zum Beispiel Ihren Arbeitgeber kennt oder Ihren vollen Namen weiß, wenn Sie das nicht möchten.
Gehen Sie öfter aus. Finden Sie neue Orte, die Ihnen gefallen, gehen Sie mit Menschen aus, die wissen, dass Sie sich verlieben möchten. Es kann sehr hilfreich sein, einen Freund oder eine Freundin zu haben, die einem Mut macht, den sympathischen Menschen am anderen Ende des Raumes endlich mal anzulächeln oder sogar anzusprechen.
Überhaupt: Flirten Sie mehr – auch mit Menschen die gar nicht Ihre Zielgruppe sind. Das macht gute Laune und lässt Sie attraktiver und selbstbewusster werden. Die Menschen, die in

meine Flirtkurse kommen, haben häufig das Problem, dass sie das Flirten nur mit Menschen in Betracht ziehen, die ihnen auf Anhieb gefallen und in ihr „Beuteschema“ passen. Da einem solche jedoch auch nicht jeden Tag über den Weg laufen, ist ein Flirt immer eine Ausnahmesituation. Wenn unser Gehirn also damit konfrontiert wird, etwas zu tun, das ungewöhnlich ist, macht sich Nervosität breit. Man ist so ungeübt, als würde man nur alle paar Wochen mal eine Gitarre zur Hand nehmen, solle aber just in diesem Moment ein Konzert auf einer Bühne geben. Deshalb geht das auch meist schief.

Rausaufgabe: Flirten

Die Lösung besteht darin, täglich hier und da ein wenig zu flirten, ohne dass etwas dabei ist. Natürlich werden Sie dann immer noch nervös sein, wenn plötzlich jemand vor Ihnen steht, der Ihr Herz höher schlagen lässt. Es wäre ja auch schade, wenn Sie das kaltließe – doch die Nervosität hält sich deshalb in Grenzen, weil Sie jetzt einfach nur das tun, was Sie immer tun: Sie halten Augenkontakt. Sie lächeln freundlich und interessiert. Sie sagen etwas Nettes oder etwas Lustiges. Sie „betreten die Bühne“ und flirten!

Zunächst kostet das sicher ein wenig Überwindung, aber wenn Sie nur damit anfangen, täglich drei bis vier Menschen bewusst anzulächeln und sich im Laufe der nächsten Wochen auf fünf bis zehn Menschen steigern, ist das gut. Bauen Sie Kontakt zu Ihrer Umwelt auf: beim Bäcker, im Supermarkt – überall – und wechseln Sie mit den Menschen dort ein paar mehr Worte als nötig. Machen Sie ein Kompliment, reden Sie über das Wetter oder stellen Sie eine Frage. Sie werden überrascht sein, wie positiv das von den meisten aufgenommen wird. Schon sehr bald werden die Menschen auf Sie zugehen.

Öfter mal was Neues

Besuchen Sie zum Beispiel

Ausstellungseröffnungen: Viele Künstler stellen nicht nur in Ateliers aus, sondern auch in Geschäften und öffentlichen Gebäuden, die eine Vernissage auch für ihre eigene Werbung nutzen. Es gibt viel zu sehen und eine Menge Menschen, mit denen man sich über die Objekte wunderbar unterhalten kann. Auch Sonderausstellungen in Museen werden meist groß gefeiert.

Geführte Wanderungen: Zahlreiche Vereine und Initiativen organisieren Touren für Gruppen in die nähere Umgebung oder übers Wochenende, bei denen Sie nicht nur neue Menschen kennen-, sondern auch noch etwas dazulernen können.

Schnupperkurse: Nahezu jeder Veranstalter, sei es eine Sprach-, eine Tanz- oder eine Yogaschule, bietet für Interessenten Schnupperstunden an. Private Anbieter von Weiterbildungen aller Art veranstalten häufig Informationsvorträge oder Kurzworkshops. Sehen Sie sich in Bereichen um, wo Sie vielleicht ohnehin noch etwas dazulernen möchten und fragen Sie konkret nach Kennenlernangeboten. Diese sind meist kostenlos oder zumindest sehr günstig und Sie bekommen einen guten Eindruck vom Programm und den Menschen, die gleiche Interessen haben, wodurch sich das Kennenlernen vereinfacht.

Weinproben: Anbieter von Singleevents sind schon darauf gekommen, dass es sich bei einem Gläschen Wein gut kennenlernt. Auch gute Weinhändler veranstalten immer wieder einmal Weinproben, bei denen man nette Leute trifft.

Straßenfeste: Je kleiner das Fest, desto leichter ist der Kontakt. Schauen Sie sich doch mal in Ihrer Gegend um. Oft gibt es kleinere Feste, bei denen die Anwohner zum Mitfeiern einladen. Eine sehr gute Gelegenheit, neue Leute aus der eigenen Gegend kennenzulernen. So etwas gibt es bei Ihnen nicht? Dann fangen Sie doch damit an: Veranstalten Sie ein Grillfest mit Ihren Nachbarn, eine Party, einen Weihnachtsbasar zugunsten einer Hilfsorganisation (das kommt meist gut an und findet Zuspruch auch bei Fremden). Damit sind Sie bald bekannt wie ein bunter Hund: engagiert, gesellig und auch noch zu haben – wie attraktiv!

Aktionstage: Städte, Gemeinden, Firmen, Initiativen – alle möglichen Organisationen veranstalten hin und wieder Aktionstage zu verschiedenen Themen. Begleitet wird dies meist von einem kulturellen und kulinarischen Programm. Auch hier gibt es allerhand zu sehen, zu lernen und viele Leute, mit denen man sich austauschen kann.

Vielleicht erlaubt es Ihre Zeit, kleine Ehrenämter anzunehmen, bei denen Sie neue Menschen kennenlernen. Viele Initiativen und Organisationen suchen helfende Hände, die herzlich aufgenommen werden. In vielen Städten und Gemeinden gibt es auch regelmäßige Treffen zu den unterschiedlichsten Themen, die jedem offenstehen, der sich interessiert.

Attraktiv ist, wer aktiv ist

In vielen Städten gibt es zudem allerlei Veranstaltungen, die nicht zwangsläufig auf Singles angelegt sind, aber dennoch sehr gerne von ihnen besucht werden. Beim sogenannten „Running Dinner“ oder auch „Flying Dinner“ zum Beispiel kocht man mit einem ausgelosten Teampartner einen Gang eines Drei-Gänge-Menüs, bekommt Besuch von vier Gästen und ist für die jeweils anderen beiden Gänge der Speisefolge selbst bei anderen Leuten zu Gast. Eine lustige Angelegenheit, bei der man bis zu elf Leute und zwei bis drei fremde Wohnungen kennenlernt.

In jedem Fall gilt: Halten Sie die Augen offen und besuchen Sie Orte und Veranstaltungen, die Sie bisher noch nicht kannten.

Abonnieren Sie eine Stadtzeitschrift Ihrer Region, tragen Sie sich Veranstaltungen ein, die Ihnen interessant erscheinen, und planen Sie so Ihren Monat. So kommt keine Langeweile auf, Sie machen viele neue Erfahrungen und werden schon sehr bald ein geschätzter Kenner von Veranstaltungen in Ihrem Freundeskreis. Außerdem haben Sie so immer etwas zu erzählen. Small Talk beim Flirt wird Ihnen viel leichter fallen, weil Sie genug Themen haben, wenn Sie viel erleben.

Gehen Sie auch alleine in Cafés und lesen Sie Ihr Buch oder Ihre Zeitung dort, wo Sie Menschen beobachten können, um Ihre Aufmerksamkeit zu schulen. Wer weiß, vielleicht haben Sie ja gerade noch den letzten freien Platz an Ihrem Tisch, wenn Ihr Traumpartner den Raum betritt.

Vielleicht schauen Sie sich auch ein paar Fitnessstudios an oder einen Sportverein, in dem Sie Ihren Körper trainieren und neue Menschen kennenlernen können.

Da Sie ja inzwischen ziemlich gut wissen, was beziehungsweise wen Sie suchen, könnten Sie sich auch eine Art Suchprofil zurechtlegen, wo Sie Ihren potenziellen Traumpartner treffen könnten: Wo würde die Art von Mensch, die ich mir vorstelle, sich aufhalten? Wo arbeitet er, wo geht er einkaufen, wo wohnt er, wie und wo geht er aus?

Gehen Sie spazieren, suchen Sie sich Freizeitaktivitäten in der Gruppe, laden Sie Freunde zu sich nach Hause ein und lassen Sie sich einladen.

Sitzen Sie bloß nicht zu Hause herum und denken darüber nach, wie viel schöner es wäre, wenn Sie einen Partner hätten. Zu Hause ist nun wirklich der Ort, an dem Sie ganz bestimmt niemanden kennenlernen werden – es sei denn, Sie beschäftigen sich gerade mit Ihrer persönlichen Weiterentwicklung oder mit dem Online-Dating.

||| ZUSAMMENFASSUNG

- Ganz gleich, was die Statistik sagt: Ihr Traumpartner kann Ihnen überall begegnen. Gute Chancen haben Sie, wenn Sie immer und überall bereit sind, Menschen kennenzulernen.
- Flirten Sie und gehen Sie in Kontakt – wann und wo immer Sie können. Unternehmen Sie neue Dinge und besuchen Sie Orte, die Sie noch nicht kennen. Überlegen Sie auch mal direkt, wo Ihr Traumpartner sich aufhalten könnte.

Online-Dating

Es ist nicht gut, dass der Mensch allein bleibt. Ich will ihm eine Hilfe machen, die ihm entspricht.

Altes Testament, Genesis 2,18

Viele Menschen schätzen Online-Dating, weil es Ihnen vermeintlich klare und schnelle Ergebnisse liefert: Man stellt seine Wunschparameter ein und erhält prompt eine riesige Anzahl an Menschen, die als potenzielle Partner infrage kämen. Das erscheint im ersten Moment besonders effizient und ist daher sehr beliebt bei Menschen, die beruflich sehr eingespannt sind oder vielleicht nicht häufig ausgehen können, weil sie Kinder haben, aber auch bei jenen, die im Alltag nicht kommunikativ sind, ungern flirten oder die bereits sehr verzweifelt sind.

Eindruck hinterlassen

Die Schwierigkeit beim Online-Dating besteht zum einen darin, die „guten" von den „schlechten" Kandidaten zu unterscheiden. Aber auch darin, selbst den bestmöglichen Eindruck zu machen, um „erwählt" zu werden. Der Eindruck, den ich auf eine andere Person im realen Leben mache, besteht zu 90 Prozent aus meiner Wirkung durch Aussehen, Umgebung, Verhalten, Mimik und Körpersprache sowie dem Klang der Stimme. Nur zehn Prozent Anteil hat, was ich sage. Beim Online-Dating gibt es daher also meist nur einen winzigen Ausschnitt meiner Person: ein Foto und das, was ich über mich sage. Das sind dann zusammengenommen etwa 20 bis 30 Prozent dessen, was ich im realen Leben von mir rüberbringen

kann. Die müssen aber so ansprechend wie möglich sein – da es ja für den Betrachter in diesem Moment 100 Prozent sind.
Ein weiterer Nachteil des Online-Datings ist, dass Ihre Zielgruppe genauso viel Auswahl hat wie Sie. Sie stehen also ebenfalls in direkter Konkurrenz mit Tausenden anderen.
Am Abend – in einer Bar, auf einer Party oder an einem anderen Ort – reagieren wir instinktiv auf den Menschen, der uns freundliches Interesse entgegenbringt oder sich interessant verhält (z. B. toll tanzt oder von einer Schar lachender Menschen umgeben ist). All das ist beim Online-Dating nicht möglich. Es ist also gar nicht so leicht, wie es im ersten Moment aussieht. Dennoch ist Online-Dating eine Möglichkeit, den Traumpartner zu finden oder wenigstens, sich im Dating zu üben und ein paar nette Dates zu haben.

Dies sind die wichtigsten Regeln, die Sie beachten müssen, um erfolgreich sein zu können:

Die richtige Plattform

Online-Dating-Portale gibt es inzwischen wie Sand am Meer. Es gibt Anbieter mit Hunderttausenden von Mitgliedern, regionale Seiten, Anbieter mit besonders ausgefeilten psychologischen Tests zur Vorqualifizierung, Portale für bestimmte Zielgruppen (Alleinerziehende, besonders große Menschen usw.) und Anbieter, die besondere Methoden des Kennenlernens anbieten (per Videochat, Auktion etc.).
Wählen Sie eine Plattform, die zu Ihnen passt: Die höchste Mitgliederzahl bedeutet nicht die größten Erfolgschancen.

Im Internet gibt es einige Seiten, die Online-Dating-Portale beschreiben und vergleichen. Viele Anbieter bieten zunächst kostenlose Schnuppermitgliedschaften an, andere geben Zufriedenheitsgarantien. Generell gilt: Eine Partnerbörse, die kostenlos ist, zieht viele Menschen an, auch welche, die es nicht wirklich ernst meinen – die „Ausfallquote" ist daher höher. Probieren Sie also das ein oder andere aus, legen Sie sich nach einer Testphase dann aber auf ein oder zwei Portale fest, damit Sie sich nicht verzetteln.

Der Username

Viele Online-Dating-Plattformen geben Ihren Mitgliedern die Möglichkeit, sich selbst einen sogenannten „Nickname" zu geben. Dies wird das Erste sein, was Ihr potenzieller Traumpartner von Ihnen erfährt. Daraus zieht er Rückschlüsse auf Ihren Charakter, Ihren Humor und Ihre Fantasie.

Bitte nicht:

- Sexuelle Anspielungen („CoolerStecher74", „Sexgott66", „Knutschmaus69"),
- kryptischen Buchstaben-Zahlen-Salat („12yxv3w"),
- Vorname Nachname („Stefan-Schmidt", „Tanjaschulze76"),
- Verniedlichungen („kleinesuesse", „baerchen68", „liebeshasi2009"),
- Namen von Stars oder Filmfiguren („jamesbond82", „angelinajolie2000"),
- pseudokreative Bezeichnungen wie: Knutschmeister, Powergirl, Scherzkeks, Hexenmeister, Hoffnungslos, Streuner, DeinPrinz, BestMan und so weiter.

Verwenden Sie lieber Nicknames, die etwas mit Ihrem Leben, Ihren Hobbys, Ihren Leidenschaften und Träumen, Ihrem Charakter oder Ihrer Herkunft zu tun haben – dann gerne in Verbindung mit Ihrem Namen. Zum Beispiel: „SeglerStefan", „Italienfan", „Frank-surft", „Tangotänzerin", „Australienliebe", „HundefanHeike", „VerrückteSabine", „IloveLondon" und so weiter. So verrät bereits Ihr Pseudonym etwas über Sie, das einen anderen Menschen interessieren könnte und ihn (oder sie) bewegt, Ihr Profil genauer anzusehen.

Das Foto

Bei fast allen Online-Dating-Portalen haben die Partnersuchenden ein sogenanntes Profilfoto. Manche Portale bieten die Möglichkeit, mehrere Fotos online zu stellen, doch es gibt immer nur ein erstes Bild und nur eine Chance für den ersten Eindruck.

Was nicht funktioniert:

(Falls Sie bei dem ein oder anderen jetzt lachen müssen oder denken: „Wer würde so etwas denn machen?" – ich habe all das schon gesehen!)

- Pass- und Bewerbungsbilder,
- verschwommene, verzerrte, pixelige, unkenntliche oder sehr kleine Bilder,
- Fotos unter Anstrengungen mit dem Handy von sich selbst im Spiegel gemacht,
- Fotos beim Essen oder Trinken (gerne auch mit Bierflasche),
- Gruppenfotos („Ich bin der Dritte von links"),
- Fotos, bei denen man den Expartner noch im Arm hat, der dann abgeschnitten wurde,

- halb- oder ganz nackte Fotos (gerne auch mit schwarzem Balken über dem Gesicht),
- Fotos in Kostümen, Verkleidungen, mit Sonnenbrille, Hut, Perücke oder von hinten,
- Fotos, die auf der Seite oder auf dem Kopf stehen,
- Fotos vor oder in Luxusautos, mit Stars, im Taucheranzug,
- Kinderfotos.

Was funktioniert:
Ein freundliches Foto, auf dem Ihr Gesicht erkennbar ist und Sie in die Kamera sehen. Lassen Sie sich vielleicht von einem Freund mit einer guten Digitalkamera in einer Umgebung fotografieren, in der Sie sich wohlfühlen. Tragen Sie vorteilhafte Kleidung, und vergessen Sie nicht zu lächeln oder wenigstens freundlich dreinzublicken. Stellen Sie sich vor, Sie schauen Ihrem zukünftigen Traumpartner entgegen. Vielleicht haben Sie auch ein nettes Foto von einer Feier oder einem Urlaub, auf dem Sie gerade besonders vergnügt oder entspannt wirken. Denken Sie daran: Ihr zukünftiger Partner sieht nur diesen einen Augenblick und schließt davon auf den Rest Ihrer Persönlichkeit. Wahrscheinlich möchte auch er (oder sie) gerne mit jemandem zusammen sein, der freundlich, entspannt und ansprechend erscheint und ihn (oder sie) ansieht.
Der größte Fehler ist übrigens, gar kein Foto einzustellen. Man wird denken, dass Sie entweder gruselig hässlich oder in Wahrheit bereits vergeben sind und Ihr Foto nicht zeigen, um nicht aufzufliegen, während Sie einen Seitensprung suchen.

Das Profil

Was nicht funktioniert:

- Ausschlusslisten
  Schreiben Sie bitte niemals in Ihr Profil, was Sie nicht wollen. Damit zeigen Sie nur, dass Sie ein Mensch mit Vorurteilen oder schlechten Erfahrungen sind. Beides macht Sie nicht gerade sympathisch.
- Ihr Leben auf dem Silbertablett
  Schreiben Sie keinen Roman über alles, was Sie in Ihrem Leben bewegt – was wollen Sie sonst noch erzählen? Sie haben nur wenig Zeit, einen guten Eindruck zu machen. Schließlich stehen noch Tausende weiterer „Kandidaten" neben Ihnen.
- Keine Infos
  Schreiben Sie auch bitte nicht „Fülle ich später aus" oder „Muss ich noch drüber nachdenken" oder „Frag mich doch!" – lieber erst mal ein paar Sätze, die man noch verbessern kann, als gar nichts.
- Oberflächliches Blabla
  Schreiben Sie bitte nicht „Meine Hobbys sind Kino, Lesen, Ausgehen und Reisen". Das trifft auf circa 90 Prozent aller Menschen zu. Erinnern Sie sich an die USP-Übung und werden Sie konkret: Welche Art Filme mögen Sie? Was ist Ihr Lieblingsfilm und warum? Welche Bücher lesen Sie? Was lesen Sie gerade? Welches Buch hat Sie wirklich beeindruckt? Wo gehen Sie hin, wenn Sie ausgehen? Welche Art von Musik mögen Sie? Welche Art von Reisen bevorzugen Sie? Haben Sie ein Lieblingsland? Wo möchten Sie gerne noch mal hin?

- Schreibfehler
  Sie suchen nach der Liebe Ihres Lebens – zeigen Sie, dass Ihnen das bewusst ist, und bringen Sie Ihrem potenziellen Traumpartner so viel Respekt entgegen, dass Sie Ihre Texte auf Fehler prüfen, bevor Sie sie online stellen.
- Übertreibungen oder „Schönheitslügen"
  Schreiben Sie positiv, aber übertreiben Sie nicht. Stellen Sie sich nicht als etwas vor, das Sie nicht sind. Sie sind nicht sportlich, wenn Sie einmal die Woche mit dem Fahrrad zum Bäcker fahren. Sie sind nicht kulturinteressiert, wenn Sie zweimal im Jahr ins Theater gehen. Sie sind kein jugendlicher Typ, nur weil Sie mit 45 ab und zu mal eine Jeans tragen.

Machen Sie sich nicht größer oder kleiner, schlanker, jünger, interessanter, gebildeter, besser verdienender oder nichtrauchender als Sie sind.
Einzige Ausnahme: Wenn eine Frau über 35 ist, und mindestens fünf (!) Freunde Ihr attestieren, dass Sie mindestens (!) fünf Jahre jünger wirkt, dann darf Sie um ein bis zwei (!) Jahre schummeln. Falls Sie ein Mann und jetzt empört sind: Es hat sich gezeigt, dass Männer beim Online-Dating immer ganz bestimmte Altersgrenzen eingeben, die im Grunde nichts mit dem tatsächlichen Alter zu tun haben, sondern mit der Erwartung an das Äußere einer Frau. Getreu dem Machospruch: Ein Mann ist so alt, wie er sich fühlt, eine Frau ist so alt, wie sie sich anfühlt. Wenn eine Frau also dieser Erwartung entspricht, und eben laut Geburtsdatum nicht mehr 39, sondern 41 ist, dann finde ich es legitim, wenn sie sich unter die magische

40er-Grenze mogelt, um nicht übersehen zu werden. Seien Sie mal ehrlich: Würden Sie bei einer sympathischen und attraktiven Bekanntschaft „in freier Wildbahn" sofort nach dem Alter fragen? Ich hoffe nicht!
Aber generell gilt: Lügen und übertreiben Sie nicht – wie soll sich eine Partnerschaft entwickeln, wenn man zu Beginn schon schummelt? Das gilt auch für Ihr Foto: Es macht keinen Sinn, Bilder zu zeigen, die überhaupt nicht (mehr) aussehen wie der Mensch, der dann zum Date erscheint.

Was gut funktioniert:
Machen Sie sich klar: Ein Online-Dating-Profil ist eine Art „Werbeanzeige" für Sie als Partner. David Ogilvy, einer der erfolgreichsten Werbetexter des 20. Jahrhunderts, hatte eine strenge, aber einfache Regel für eine Werbekampagne: „Does it make you gasp when you first see it?" Das Wort „gasp" hat leider keine eindeutige deutsche Entsprechung – gemeint ist: Man soll nach Luft schnappen oder kurz den Atem anhalten, wenn man die Werbung das erste Mal sieht.
Die meisten Menschen sind aber nun mal keine exzellenten Werbetexter – wie steht es mit Ihnen? Auch wenn Sie weniger Talent zum Schreiben und Werben haben, können Sie sich dennoch bemühen, einen ansprechenden Text zu formulieren: Denken Sie bei der Formulierung darüber nach, was Sie erreichen möchten: Sie möchten eine fremde Person von sich begeistern. Sie möchten Aufmerksamkeit und Interesse auslösen. Sie möchten jemanden auf sich neugierig machen.

- Beschreiben Sie sich so individuell wie möglich.
- Schreiben Sie ein paar positiv formulierte Sätze über Dinge, die Sie mögen.
- Schreiben Sie, was Sie in Zukunft mit einem Partner vorhaben.
- Verwenden Sie eine freundliche, direkte Ansprache, die vielleicht mit einer Frage an den Lesenden endet.
- Bei Vorlieben ist Einfallsreichtum gefragt: Werden Sie konkret, wenn es um Dinge wie Film, Literatur, Ausgehen, Musik et cetera geht. Kaum jemand geht nicht gerne ins Kino – aber was für eine Art Film man sich gerne ansieht, unterscheidet die Menschen voneinander.
- Wenn Sie humorvoll sind, dann schreiben Sie es nicht, sondern seien Sie es!
- Wenn Sie gebildet sind, dann zeigen Sie es durch Ihre sprachliche Ausdrucksfähigkeit, die Bücher, die Sie mögen, die Filme, die Sie faszinieren.
- Verwenden Sie eine aktive, positive, bildhafte Sprache und beschreiben Sie Dinge so, dass man es sich plastisch vorstellen kann.

Sie können mehr über sich schreiben und mit der Frage enden: „Wenn du glaubst, dass das zu dir passt – worauf wartest du noch? Ich möchte dich kennenlernen!“ Oder Sie schreiben mehr darüber, was Sie sich wünschen, und schließen mit einem: „Geht es dir genau so? Toll! Ich freue mich, dich kennenzulernen!“ Versuchen Sie nicht, in Ihrem Onlineprofil so zu wirken, als ob Sie das eigentlich gar nicht nötig hätten. Wenn Sie Online-

Dating nicht nötig haben, dann lassen Sie es. Niemand hat es wirklich nötig – aber es ist eine Möglichkeit, die man nutzen kann. So zu tun, als ob man nur mal neugierig ist und das ja nur rein zufällig mal gemacht hat, gibt automatisch jedem, der ernsthaft interessiert ist, ein schlechtes Gefühl – denn er wird ja damit zu jemandem, der es nötig hat.

Ich habe selbst bei meiner Recherche in den letzten Jahren viele Portale besucht, viele Profile gelesen, aber auch selbst welche veröffentlicht. Eines der erfolgreichsten Profile begann mit den Worten:

„Seien wir ehrlich: Kaum jemand hat Online-Dating wirklich nötig. Jeder kann raus auf die Straße gehen und Menschen anlächeln. Es ist nur so: Ich bin jetzt 31, und ich habe keine Lust mehr auf Kurzbeziehungen, die man freitagnachts in Clubs kennenlernt. Ich wünsche mir eine Familie! Ich will einen Mann, einen Hund, ein Reihenhaus und einen Kombi. Und es wäre schön, wenn man dazu auch noch irgendwann tolle Kinder bekäme, wenn man lange genug dafür geübt hat. Und dafür kann ich durchaus auch hier mal suchen! Also schreib mir, wenn du dich verlieben möchtest und alles andere auch passt."

Das war ganz schön dick aufgetragen, dachte ich mir. Ich war sicher, dass sich darauf nie ein Mann melden würde. Die Überraschung war, dass sich darauf fünfmal so viele Männer meldeten wie auf einen Text, der nur beschrieb, was ich so in der Freizeit mache. Die Männer waren begeistert von einer Frau, die so klar und deutlich sagte, was sie will, und wollten mich alle unbedingt kennenlernen. Einer schickte mir sogar ein Bild von seinem Haus, das er gerade baute.

Die erste Mail

Für die erste Ansprache gilt dasselbe wie für Ihr Profil: Sie möchten jemand anderen auf sich aufmerksam machen:

- Vermeiden Sie Plattheiten und abgedroschene Phrasen wie: „Ich möchte mit dir bei einem Glas Wein den Sonnenuntergang genießen."
- Schreiben Sie auch keine spamartigen, nichtssagenden Texte wie „Hi, dein Profil hat mir gefallen! Schreib mir doch mal!"
- Fallen Sie nicht mit der Tür ins Haus – und erzählen Sie in der ersten Mail nicht alles, was es über Sie zu sagen gibt.
- Seien Sie humorvoll (nicht platt!), konkret, interessiert und interessant. Beispiel: „_Hallo >> Nickname der Person <<, du schreibst, dass du >> etwas aus dem Profil, das Sie interessiert <<. Das geht mir auch so/Das finde ich toll/spannend/interessant. Ich selbst >> etwas über Sie, das diesen Menschen interessieren könnte <<. Erzähl mir doch mehr von dir!/Was treibst du sonst?/oder Ähnliches. >> Ihr echter Vorname << P.S. >> Kompliment + Frage << Schönes Foto, wo ist es entstanden? Oder: Ein tolles Hobby, seit wann betreibst du es?_

Fertig könnte das dann etwa so aussehen:

Hallo *StefanausKiel*,

Du segelst gerne? Das geht mir auch so, leider komme ich viel zu selten dazu – um genau zu sein, nur zwei- bis dreimal pro Jahr mit Freunden auf der Alster oder auf der Ostsee. Eigentlich viel zu wenig ...

Wie du lade ich gerne Freunde zu mir ein. Die bekoche ich dann auch gerne – und wie man hört sogar ganz gut ;-). Wie steht's bei dir? Verwöhnst du deine Gäste selber oder kommt der Pizzaservice?

Erzähl mir mehr von dir und deinen Piratenabenteuern!
Nina
PS: Ich mag deinen Musikgeschmack. Die meisten deiner Lieblingsplatten habe ich auch. Kennst du schon das neue „The Verve"-Album?

Real werden

Wenn Ihr virtuelles Gegenüber gut reagiert – ebenfalls interessiert und interessant ist, sollten Sie nicht allzu lange virtuell bleiben. Schlagen Sie ein Telefonat vor. So bekommen Sie schon bald einen etwas nachhaltigeren Eindruck von der Person.
Achtung: Sollte ein Termin für ein Telefonat „schwer zu finden" sein, ist das ein Hinweis darauf, dass Ihr potenzieller Traumpartner in Wirklichkeit entweder nicht allzu interessiert an Ihnen oder an einem realen Treffen ist oder in einer Beziehung steckt.
Am besten ist es, sich zunächst einfach nur mal kurz anzurufen und sich einen schönen Tag oder einen schönen Abend zu wünschen. Hängen Sie nicht stundenlang am Telefon und erzählen Sie sich alles, was es zu wissen gibt. Hüten Sie sich auch vor übermäßigen SMS-Nachrichten. Das geht ins Geld und macht auf Dauer uninteressant, es kann außerdem leicht zu Missverständnissen führen, aber auch regelrecht nerven.
Warten Sie auch nicht allzu lange, bis Sie sich zum ersten Mal treffen. Sie schustern möglicherweise in Ihrem Kopf ein Idealbild zusammen, das der Mensch selbst gar nicht erfüllen kann, wenn er dann wirklich vor Ihnen steht.

Auf Seite 150 finden Sie die wichtigsten Tipps für das erste Date. Für ein „Blind Date" aufgrund einer Kontaktanzeige oder eine Onlinebekanntschaft gilt außerdem:

Achten Sie auf ein vernünftiges Erkennungszeichen oder eine gute Beschreibung des Ortes, an dem Sie sich treffen, damit keine unnötige Unsicherheit entsteht – das Date an sich sollte ja schon aufregend genug sein. Treffen Sie Menschen, die Sie noch nicht kennen, nicht zu Hause oder in Ihrem Stammcafé – das kann nach hinten losgehen, wenn Sie sich doch nicht so gut gefallen, wie erhofft.

ZUSAMMENFASSUNG

- Online-Dating kann erfolgreich sein, wenn Sie die richtige Plattform finden.
- Achten Sie auf einen ansprechenden Usernamen und wählen Sie ein gutes, sympathisches Foto.
- Gestalten Sie den Text Ihres Profils ehrlich und so ansprechend als wäre es eine Werbeanzeige für Sie.
- Achten Sie bei der ersten Mail darauf, persönlich, interessiert und nicht zu ausschweifend zu sein.
- Telefonieren Sie vor dem ersten Date, um sich ein besseres Bild von Ihrem Gegenüber machen zu können.

Andere Wege

Mille viae ducunt hominem per saecula Romam – Tausend Wege führen die Menschen immerfort nach Rom.

Alanus de Insulis, Dichter

Ganz egal, ob Sie schon lange auf der Suche sind oder gerade erst anfangen – kein Weg an sich ist falsch. Es kommt immer darauf an, wie gut man Sie nutzen kann, denn auch die statistisch erfolgreichsten Methoden können nur erfolgreich sein, wenn Sie richtig genutzt werden. Und vergessen Sie nicht: Es geht nicht darum, möglichst viele Menschen zu finden – einer reicht, wenn es der/die Richtige ist!

Im Folgenden gebe ich Ihnen einige Tipps aus meiner Erfahrung als Flirtcoach, Datedoktor, aber auch als Marketingfachfrau, um Ihre persönliche „Werbekampagne" so erfolgreich wie möglich zu gestalten.

Kontaktanzeigen aufgeben

Finden Sie zunächst das richtige Medium für sich: Eine Zeitung oder Zeitschrift, die Sie selbst gerne lesen, macht mehr Sinn, als ein Blatt, dass zwar viele Anzeigen veröffentlicht, aber gar nicht Ihrem Geschmack entspricht. Nicht vergessen: Ihr zukünftiger Partner ist vermutlich regelmäßiger Leser dieser Zeitung!

Für Kontaktanzeigen gelten im Wesentlichen ähnliche Regeln wie für das Profil beim Online-Dating – nur dass Sie sich hier deutlich kürzer halten sollten. Eine Kontaktanzeige will ihren Leser neugierig machen, neugierig genug, um sich zu fragen, welcher Mensch hinter dieser Anzeige stecken könnte.

Verzichten Sie auf alles, was ohnehin klar ist wie „auf diesem Wege" oder „für alles, was zu zweit mehr Spaß macht". Streichen Sie Floskeln komplett aus Ihrem Anzeigenentwurf.
Fassen Sie sich kurz, aber seien Sie trotzdem konkret – und übertreiben Sie nicht mit Abkürzungen.
Sie können in der Kontaktanzeige zum einen beschreiben, was für eine Art Partner Sie suchen und was für eine Art Mensch Sie sind. Oder Sie erzählen, was Sie gerne mit einem Partner unternehmen würden. Auch das gibt ein recht gutes Bild von Ihnen und Ihren Wünschen. Achten Sie bei Ihrer Formulierung darauf, dass Sie genug von sich preisgeben, um zu interessieren, aber auch nicht zu viel. Eine Kontaktanzeige sollte mit maximal 500 Zeichen auskommen.

Hier ein paar Beispiele, denen Sie besser nicht folgen:
Ich (m, 30, 176, 70, bl. Aug, bld.) suche wbl. schlk. Sie (– 31) f. Aufb. gem. Zkft. BmB
Wirkt wie: Oberflächlicher Sparfuchs mit Aküfi (Abkürzfimmel).

Ich bin schon so lange allein. Gibt es dich irgendwo? Eine selbstbewusste, intelligente, kommunikative, attraktive, sensible, liebevolle, gut aussehende Frau, die in ihrer Stärke keine Vorbehalte gegen Nähe und Einlassen hat? Das fragt dich ein netter und einfühlsamer, einsamer 40-jähriger Mann, der gerne alles zu zweit machen möchte, was das Herz zulässt. Also, kann es sein, dass es dich gibt?
Wirkt wie: Langweiliger Mann verschwendet 397 Zeichen, um zu zeigen, dass er nett, aber vor allem einsam und verzweifelt ist.

Hi, ich, 32 J. alt, suche Mann für feste Bezieh. Du solltest deutsch und berufl. gesichert sein. Es wäre schön, wenn du mind. 1,85 gr. und lustig bist.
Wirkt wie: Torschlusspanik bei einer Frau, die einen Versorger sucht oder mit kleineren, arbeits- und humorlosen Männern auf die Nase gefallen ist.

Ich (w, 45, 163, Wassermann, 2 Katzen) viels. Interessen, Kino, ausgehen, lesen suche liebevollen, netten, spirituell gebildeten Mann für dauerhafte Beziehung.
Wirkt wie: Leicht schräge Esoterikfrau mit Katzentick und unspezifischen Hobbys möchte nicht mehr alleine fernsehen.

Bist du (m, 40–50 J.) bereit, auch neue Wege zu gehen? Dich durch deinen Partner besser kennenzulernen? Mit Ehrlichkeit zu mehr Verständnis und mehr Liebe zu gelangen? Den Partner nicht für eigene Schwächen, Hoffnungen und Erwartungen verantwortlich zu machen? Das Leben und die Liebe zu genießen und Probleme und Krisen offen anzugehen? Wenn dich dies anspricht, freue ich (w, 50, spirituell, schlank, sportlich) mich auf dich und gemeinsame neue Erfahrungen.
Wirkt wie: Mein Exmann war ein ignoranter Mistkerl und nach meiner Ausbildung zur Heilpraktikerin habe ich es endlich geschafft, mich von ihm zu trennen und suche jetzt einen jüngeren, ebenso frustrierten Mann, den ich zur Abwechslung mal unterbuttern kann.

Besser fahren Sie, wenn Sie konkreter beschreiben, was Sie für ein Mensch sind oder was Sie gerne unternehmen:

Normal verrückte Frau, kfm. Angest., 47/169, schlank, zwei tolle Kids (10 + 13) sucht normalverrückten Mann für: Frühstück mit Croissants, Rotwein und Spaghetti am Abend, Bummeln in der Stadt, Spazierengehen an der Elbe, Joggen im Park, Ausschlafen am Wochenende, französische Kinofilme, Freunde treffen und mehr – am liebsten für immer.

Bunte Mischung: m/44/blond/192, musikbegeistert (u. a. Folkrock, Reggae), kocht gerne für Freunde, mag spanische Weine, ist eher ruhig, aber witzig und neugierig – möchte sich verlieben in lustige, feinsinnige Frau, die zu ihm passt.

Lesen Sie am besten ein paar Anzeigen des eigenen Geschlechts und notieren Sie sich, was Ihnen stilistisch gut gefallen hat – gut geklaut ist besser als langweilig selbst geschrieben.
Wenn Sie sicher gehen wollen: Schalten Sie zwei unterschiedliche Anzeigen zu unterschiedlichen Aspekten Ihrer Persönlichkeit. Meldet sich jemand auf beide Anzeigen mit dem gleichen Brief – vergessen Sie ihn/sie. Meldet sich jemand auf beide Anzeigen mit zwei unterschiedlichen Briefen – könnte das ein Volltreffer sein.

Kontaktanzeigen beantworten

Die Kunst bei der Auswahl der „richtigen" Kontaktanzeige besteht darin, die Botschaften „zwischen den Zeilen" zu erkennen. Lesen Sie aufmerksam und denken Sie darüber nach, was der Inserent Ihnen sagen möchte. Für die Beurteilung einer Kontaktanzeige sind zwei Aspekte wichtig: Wie sehr entsprechen Sie selbst dem, was der Suchende erwartet, dem, was er beschreibt? Inwieweit entsprechen der Suchende und seine Beschreibungen Ihren Vorstellungen eines Partners und einer Partnerschaft?

Natürlich heißt das nicht, jedes Wort auf die Goldwaage zu legen. Ich kann mich an einen Handwerksmeister erinnern, der mir erzählte, dass er eine Frau per Annonce suchte. Auf seine erste Annonce hatte er sehr viele Zuschriften von russischen und polnischen Frauen erhalten. Er hielt davon jedoch wenig, weil er gerne eine Frau kennenlernen wollte, die eine ähnliche Kindheit und Jugend und ähnliche Erinnerungen (z. B. an Musik, Filme etc.) hatte wie er, das war ihm wichtig. Da sich beim ersten Mal keine passende Frau fand, gab er eine zweite Annonce auf, auf die sich aber fast niemand meldete – er suchte jetzt nämlich ausdrücklich nach einer deutschen Frau. Das hatte – wie man an dieser Erklärung erkennt – einen ganz harmlosen Hintergrund, klang im Kontext der Anzeige aber irgendwie rassistisch ... Der gute Mann war völlig geschockt, als ich ihm sagte, wie seine Zeilen bei jemandem ankommen, der diese Vorgeschichte nicht kennt.

Wenn Sie eine Anzeige beantworten, dann achten Sie bitte auf Folgendes:

- Benutzen Sie schönes, hochwertiges Papier. Bitte niemals ausgerissene Seiten eines Blocks oder Ähnliches. Denken Sie daran: Es geht (vielleicht) um die Liebe Ihres Lebens – und den ersten Eindruck von Ihnen.
- Ob Sie per Hand oder per Computer schreiben, bleibt Ihnen überlassen. Ihre persönliche Unterschrift ist jedoch ein absolutes Muss!

- Beziehen Sie sich auf den Inhalt der Anzeige: was daran Sie angesprochen hat und warum. Schreiben Sie niemals „Standardbriefe" mit immergleichem Inhalt.
- Legen Sie auf jeden Fall ein Foto bei – das kann eine Kopie, aber auch ein Original sein: Ein Foto kostet heutzutage nur noch wenige Cent – das sollte es Ihnen schon wert sein.
- Vergessen Sie nicht zu schreiben, wie und wann man Sie am besten erreichen kann.

Hier noch einige Dinge, die Klientinnen und Klienten von mir erlebt haben. Machen Sie all das bitte nicht nach:

- Schicken Sie keine Fotos von sich, auf denen Sie offensichtlich nackt sind – auch nicht wenn die „entscheidenden Körperpartien" nicht mehr auf dem Foto zu sehen sind.
- Schicken Sie keine Bilder von Ihrem Haustier.
- Benutzen Sie keine bunten Filzstifte zum Schreiben.
- Benutzen Sie keine kopierten Standardbriefe, in denen Sie die individuellen Angaben handschriftlich ergänzen.
- Schicken Sie keine Lebensläufe mit Ihrem Brief oder sogar nur das als Brief.

Wenn Sie unsicher sind, wie Ihre Zuschrift wirkt, lassen Sie sie einfach mal von einem Freund gegenlesen.

Partnervermittlungen

Die Einschaltung einer Partnervermittlungsagentur kann besonders für Menschen sinnvoll sein, die nicht sehr viel Zeit investieren können oder besondere Anforderungen haben.

Auch wenn Partnervermittlungen teilweise umstritten sind, weil es schwarze Schafe gibt, existieren viele seriöse Unternehmen, die vielleicht genau Ihren Traumpartner in der Kartei haben. Unseriöse Agenturen schalten gerne Lockanzeigen mit Beschreibungen von Traumpartnern, die es in Wirklichkeit gar nicht gibt, und drängen Interessenten mit falschen Versprechungen dazu, einen Vertrag zu unterschreiben.

Eine seriöse Agentur erkennen Sie schon daran, dass ein unverbindliches, kostenloses und persönliches Beratungsgespräch zum Service gehört und Sie sich Bedenkzeit nehmen oder den Vertrag sogar von einem Anwalt prüfen lassen können, bevor Sie sich entscheiden.

Auch sollte von der Agentur immer ein Ansprechpartner erreichbar sein, im besten Fall ist es die Person, mit der das Beratungsgespräch geführt wurde. Erkundigen Sie sich über die Stellung des Beraters in der Agentur. Führt dieser Mitarbeiter nur das Erstgespräch, ist also nur für den „Vertrag" zuständig, hat der Kunde nachher niemanden, der ihn persönlich kennt und betreut.

Achten Sie auf eine Rückforderungsklausel im Vertrag: Begegnet Ihnen beim Verlassen der Agentur oder generell kurze Zeit später durch Zufall die große Liebe, muss es Möglichkeiten geben, aus dem Vertrag auszusteigen.

Scheuen Sie sich nicht, klare Fragen zu stellen:

- Was bekomme ich für mein Geld?
- Welche Leistungen erbringt die Agentur konkret?
- Wie viele Partnervorschläge erhalte ich und über welchen Zeitraum?

Ebenfalls ganz wichtig: Lassen Sie sich alle Unterlagen zeigen und beschreiben Sie möglichst konkret, was für einen Partner Sie suchen und warum. Halten Sie Ihre Wünsche mit der Agentur zusammen schriftlich fest, damit Sie sicher sein können, dass der Partnervermittler Ihre Wünsche verstanden hat.
Traditionelle Partnervermittler kennen ihre Klienten aus persönlichen Gesprächen und suchen auf Basis ihrer Menschenkenntnis nach geeigneten Partnern. Beim Partnervermittler müssen Sie nicht selbst suchen, Sie bekommen passende Vorschläge nach einer individuellen Vorauswahl – was allerdings seinen Preis hat: Rechnen Sie je nach Niveau der Agentur und Serviceleistung mit 2 000 bis 10 000 Euro. Dafür lernen Sie bestimmt Menschen kennen, die sich nicht unbedingt im Internet aufhalten.
Die Partnervermittlerin Maria Klein beschreibt in ihrem Buch „Liebesdienste" nicht nur Hintergründe aus dem Geschäft der Heiratsvermittler – ihre Schilderungen aus über 20 Jahren Erfahrungen mit Heiratswilligen sind lehrreich und amüsant für alle Partnersuchenden. Wenn Sie mit dem Gedanken spielen, eine Partnervermittlung zu beauftragen, gibt es hier eine Menge Informationen in sehr unterhaltsamer Form.

Speed-Dating

Ich persönlich habe ehrlich gesagt noch niemanden getroffen, der seinen Partner bei einem Speed- oder Power-Dating kennengelernt hat. Dennoch gibt es in jeder größeren Stadt regelmäßige Veranstaltungen dieser Art:

Sieben bis zwölf Menschen beider Geschlechter treffen aufeinander und sitzen sich für zwei bis zwölf Minuten gegenüber, um sich abzuchecken. Das geht meist schon deshalb nicht tiefer, weil es die Voraussetzungen eines Bewerbungsgesprächs wiedergibt. Man sitzt sich gegenüber und weiß genau, wofür man da ist. Dann die üblichen Fragen: „Was machst du beruflich? Was sind deine Hobbys. Warum machst du hier mit?" Das klingt nicht gerade sehr romantisch – ist es auch nicht.
Trotzdem lohnt sich Speed-Dating: Man kann ganz in Ruhe auch mal ausprobieren, welche Fragen tatsächlich gut funktionieren, die man beim nächsten „natürlichen" Flirtgespräch einbinden kann. Gute Fragen sind zum Beispiel:

- Was war die letzte gute Tat, die du vollbracht hast?
- Welches Buch liest du gerade?
- Angenommen, ich wäre eine gute Fee (Männer, die das sagen, ernten Humor-Pluspunkte!) und du hast jetzt drei Wünsche frei, welche wären das?
- Was war das Albernste, was du je für einen Menschen getan hast?
- Was wolltest du werden, als du klein warst?
- Welche drei Dinge nimmst du mit auf eine einsame Insel?

Und bei all diesen Fragen immer wichtig: Warum?
So kann Speed-Dating sehr erfolgreich werden – und sei es nur, um Ihre Gesprächsführung zu verbessern. Probieren Sie es ruhig aus, Sie wissen ja: Egal was die Statistik sagt, Ihr Traumpartner kann überall auf Sie warten!

Singleevents und Singleurlaube

Inzwischen gibt es im Internet, aber auch bei zahlreichen Reisebüros allerlei Veranstaltungen und Reisen speziell für Singles: Von der Weinprobe über die Kanutour zum langen Wochenende bis hin zum zweiwöchigen Cluburlaub ist alles möglich, was das Herz begehren und den Single glücklich machen könnte.

Events oder Urlaube sind gute Möglichkeiten, neue Menschen kennenzulernen und Ihren Horizont zu erweitern. Gerade bei kleineren Gruppen ist es vielleicht nicht sehr wahrscheinlich, dass gleich beim ersten Mal Ihr Traumpartner dabei ist. Deshalb zögern vor allem die Männer bei der Buchung solcher Events: Statistisch gesehen haben sie an einem Samstagabend auf der Piste viel mehr Auswahl … „Was ist, wenn da nur drei Frauen in meinem Alter und meiner Kragenweite sind?" Aber sehen Sie es mal sportlich: Ein Urlaub mit zwanzig Singles und neuen Bekanntschaften ist – auch ohne Traumpartner – immer noch deutlich besser, als allein im Hotel unter sechzig Familien und dreißig alten Ehepaaren zu sitzen.

Es gibt einige Agenturen, die sowohl Events als auch kleinere Ausflüge anbieten. Die Agentur „JustDates.de" ist spezialisiert auf Singleevents und bietet verschiedenste Aktivitäten in ganz Deutschland an. Dabei gibt es Sportliches wie Kletterkurse und Kajaktouren, Dinner- und Brunchtreffen oder auch Kulturevents. Die Online-Dating-Plattform „Dating Cafe" bietet ihren Mitgliedern ebenfalls eine große Auswahl an Veranstaltungen und sogar längeren Reisen, die von diversen seriösen Subunternehmern im Namen der Agentur veranstaltet werden.

Dazu gehört auch das Unternehmen „SunWave“, das seit Jahren Skireisen für Singles anbietet und sein Angebot inzwischen um weitere Trips in die Sonne oder in interessante Städte erweitert hat. Noch etwas bunter wird es bei „Müller Touristik“, das Singles aller Altersgruppen Partyzüge, Wochenendreisen mit Rundum-Bespaßung, Schlagertouren und Kurztrips für jeden Geschmack und Geldbeutel offeriert.

Wer hohe Ansprüche, aber auch etwas mehr Geld zur Verfügung hat, der sollte sich einmal „Studiosus Reisen“ ansehen. Klassische Studienreisen, die ohnehin sehr gerne von kulturell interessierten Singles gebucht werden, wurden um das Programm „Me & More“ erweitert: Hier finden sich Reisen, die sich konkret an die Zielgruppe „Singles und Alleinreisende“ wenden. Zugegeben: Sie sind etwas hochpreisiger, bieten dafür aber ein sehr niveauvolles Programm.

Auch bekannte deutsche Clubhotel-Anbieter wie „Aldiana“ oder „Robinson“ und große Reiseveranstalter wie „Thomas Cook“ haben regelmäßig sogenannte “Get-Together-Wochen“ speziell für Singles mit Sonderprogrammen und Sportevents für die schönste Zeit des Jahres im Angebot. Ihr Reisebüro hat sicher mehr gute Tipps für Sie, als Sie glauben!

Ganz gleich, wofür Sie sich entscheiden: Suchen Sie in erster Linie nach Spaß und Erholung und gehen Sie offen und freundlich auf alle Menschen zu. Auch bei einer Singlereise interessiert sich niemand für einen introvertierten Langweiler, der nur den Frauen auf die Brüste starrt, oder das Mauerblümchen, das in den ersten drei Tagen mit niemandem geredet hat …

Singlepartys

Sie heißen „Fisch sucht Fahrrad“ oder „Flirtparty“ oder so ähnlich und versprechen heiße Atmosphäre und zahllose Flirts. Leider bleibt’s meist beim Versprechen.
Singlepartys haben den Nachteil, dass man am Eingang nicht beweisen muss, dass man wirklich noch zu haben ist. Ich habe einmal eine Singleparty besucht und nachgefragt: Von 20 Menschen waren acht keine Singles, sondern haben nur Freund oder Freundin begleitet, um „mal zu gucken, was hier so los ist“ – und wahrscheinlich auch den eigenen Marktwert mal wieder zu bestimmen.
Leider sieht man auch viele Menschen, denen selbst die Ansage „es darf geflirtet werden, dafür sind wir hier“ nicht helfen will: Es gibt kaum ein traurigeres Bild als einen Mann, der mit traurig-einsamem Hundeblick und einem schal werdenden Bier in der Ecke steht, oder eine Frau, die stundenlang verhalten tanzend mit gesenktem Kopf am Rand der Bühne hin- und herwippt, weil sie nicht weiß, was sie sonst machen soll.
Wenn Sie schon auf eine Flirtparty gehen, dann nehmen Sie es wörtlich und machen Sie keine Gefangenen! Jeder Anwesende weiß, worum es geht – es steht groß an der Tür. Und wenn Sie schon immer mal blöde Flirtsprüche ausprobieren wollten, dann machen Sie es hier und schieben Sie ein freches Grinsen hinterher. Zeigen Sie Humor und gehen Sie die Veranstaltung ruhig auch mal ein wenig ironisch an: Sie werden sich wundern, wie viel Spaß Sie haben können, wenn Sie völlig unernst an die Sache herangehen und zu wildfremden Menschen des anderen Geschlechts Dinge sagen wie:

„Glaubst du an Liebe auf den ersten Blick oder soll ich nachher noch mal vorbei kommen?"
„Schönes Shirt, das sieht bestimmt super aus auf meinem Schlafzimmerboden!"
Oder auch: „Mit welchem Spruch bekomme ich sogar von dir einen Korb?"

Praxibeispiel:
Fabian, ein Teilnehmer meines Flirttrainings, war ein durchaus gut aussehender, smarter Intellektueller mit einem scharfen Humor, der sich seiner Möglichkeiten bei Frauen schlicht nicht bewusst war. Ich gab ihm eine Aufgabe für den Abend: Er sollte mit einem wirklich blöden Flirtspruch eine Frau ansprechen, die die anderen Teilnehmer ihm aussuchen würden. In einer Hamburger Bar war schnell eine sehr hübsche Frau gefunden, zu der Fabian mit Nachdruck geschickt wurde und seinen blöden Spruch machen sollte. Er hatte wirklich Angst, dass er jetzt mindestens geohrfeigt würde – aber er wollte sich nicht die Blöße geben, zu kneifen.
Er ging zu der Dame und fragte Sie: „Hey du, eine Wissensfrage: Was hat zwei Daumen, ein Auge und ist total spitz?" Sie wusste keine Antwort, musste allerdings schon lachen, denn so dreist war sie noch nie angesprochen worden. Fabian zog eine Grimasse, kniff ein Auge zu und deutete mit beiden Daumen auf sich. Die junge Frau fing schallend an zu lachen und rief Ihre Freundin – der Typ da sei ja so komisch, das müsse sie sehen! Lustigerweise sind die beiden heute ein Paar!

Der Flirt am Arbeitsplatz

In der Statistik steht der Arbeitsplatz als Liebesbörse tatsächlich sehr weit oben: Etwa ein Drittel der Paare hat sich im Arbeitsumfeld kennengelernt – schließlich verbringen Menschen sehr viel Zeit im Job. Je nach Beruf bieten sich da sehr viele oder aber sehr wenige Chancen – und es kann zudem auch prekär werden:

- Sollte Ihr Flirt oder eine Partnerschaft misslingen, werden Sie sich unter Umständen dennoch weiterhin begegnen.
- Wird ein Annäherungsversuch falsch verstanden oder sollte er gar unerwünscht sein, kann das Ihren Arbeitsplatz oder zumindest Ihren guten Ruf gefährden.

Diskretion ist also sehr wichtig – ganz gleich, ob es sich bei Ihrem Flirt um Kollegen, Vorgesetzte, Untergebene oder Kunden handelt.

Doch natürlich bietet der Arbeitsplatz auch eine Menge Vorteile:

- Sie müssen nichts überstürzen, denn Sie wissen ja, dass Sie sich ohnehin regelmäßig sehen.
- Sie können in aller Ruhe Erkundigungen einholen, ein wenig beobachten und sich „vorbereiten".
- Sie haben auf jeden Fall Stoff für Gespräche und müssen Ihren Beruf nicht lange erklären oder gar rechtfertigen, ganz gleich, was Sie machen.

Denken Sie beim Thema Arbeitsplatz auch nicht nur an Kollegen: Partnerfirmen, Kunden (Vorsicht – je nach Branche können Kunden auch absolut tabu sein!), Mitarbeiter von Firmen

im näheren Umfeld oder Kontakte durch Messen, Kongresse oder Weiterbildungen können ebenfalls interessant sein!
Gehen Sie doch mal nicht in die Kantine (falls Sie eine haben), sondern in das Café in der Nachbarstraße und schauen Sie sich dort um!
Melden Sie sich freiwillig für externe Weiterbildungen oder erfragen Sie welche. Damit erhöhen Sie nicht nur Ihre Berufschancen.
Denken Sie also immer ein wenig weiter als Ihr eigener Arbeitsplatz reicht: Sicher gibt es sogar in Berufen, die auf den ersten Blick noch so aussichtslos in Sachen Liebe erscheinen, ein paar Möglichkeiten, wenn Sie nur ein wenig Kreativität und Mut einsetzen.

ZUSAMMENFASSUNG

- Die Suche nach einem Partner ist ein wenig wie das Entwerfen einer Marketingstrategie und eines dazu passenden Werbekonzeptes. Machen Sie sich Ihrer Zielgruppe also ruhig auf mehreren „Kanälen" schmackhaft!
- Ihr Traumpartner kann grundsätzlich überall auf seinen Traumpartner warten. Bei der Formulierung und Beantwortung von Anzeigen kommt es sehr darauf an, dass Sie beide sich auch in kurzen Worten als solche „erkennen" können.
- Viele Aktivitäten und Angebote für Singles bieten nur geringe Chancen auf den Traumpartner, aber hohe Chancen auf Spaß, neue Bekanntschaften, Erlebnisse und Möglichkeiten zum „Üben". Das alles sind wichtige Puzzleteilchen, die Sie zu einem für andere interessanten Menschen machen können.
- Auch wenn im Beruf mehr Vorsicht beim Flirten geboten ist, gibt es dort viele gute Möglichkeiten. Schauen Sie ruhig mal ein wenig über Ihren direkten Arbeitsplatz hinaus. Ein/e charmante/r Kollege/in fällt ohnehin positiver auf als Sie bisher denken – und schon das schafft Chancen.

Gesucht – gefunden! Und jetzt?

Eine Theorie besagt, dass unter 100 Menschen ein potenzieller Partner dabei ist. Haben Sie diese(n) eine(n) gefunden, bedarf es Fingerspitzengefühls für die richtigen Worte und Momente. Was macht ein Date spannend – und wie machen Sie Lust auf mehr?

Sich verabreden

Es gibt gewisse Bekanntschaften, von denen man auf der Stelle genug hat. Honoré de Balzac, Schriftsteller

Ganz gleich, wo Sie jemand Interessantes getroffen haben, irgendwann kommen Sie an den Punkt, wo Sie Ihrem Gegenüber die Frage nach einem Wiedersehen stellen.
Sollten Sie die Person durch einen Flirt kennengelernt haben – zum Beispiel auf einer Party, bei Freunden oder am Arbeitsplatz –, ist es empfehlenswert, herauszufinden, ob Ihr Flirt Sie gerne wiedersehen möchte. Das ist relativ einfach:
Sagen Sie der Person, dass Sie das Gespräch, die Zeit oder das Treffen sehr genossen haben. Kommt daraufhin eine positive Reaktion, tun Sie kund, dass Sie sich freuen würden, sich wiederzusehen. Möchte Ihr Gegenüber das auch, haben Sie – je nach vorherigem Gesprächsverlauf – folgende Möglichkeiten:

Fragen Sie Ihr Gegenüber, wie Sie das Wiedersehen arrangieren könnten – und lassen Sie ihn oder sie auf die Idee kommen, die Nummern auszutauschen.
Machen Sie einen konkreten Vorschlag – vielleicht etwas, worüber Sie vorher schon gesprochen haben.
Stellen Sie etwas in Aussicht, was Sie gerne mit der Person unternehmen würden. Wie geheimnisvoll Sie dabei bleiben, bleibt ebenfalls Ihnen und dem vorherigen Gespräch überlassen, aber bitten Sie um die Telefonnummer, um den Plan gemeinsam konkretisieren zu können.
Bitte beachten Sie: Trotz aller Emanzipation und Gleichberechtigung – es ist nach wie vor ein besseres Gefühl für die meisten Menschen, wenn der Mann die Frau anruft.

Tipps für Männer

- Rufen Sie die Frau nicht am selben Tag an, an dem Sie sich kennengelernt haben, das wirkt bedürftig.
- Warten Sie nicht eine ganze Woche, bis Sie sie anrufen, das wirkt, als wäre sie Ihnen egal.
- Rufen Sie entweder nur sehr kurz an, um „Hallo" zu sagen und zu hören, wie es ihr geht (z. B. ob sie noch gut nach Hause gekommen ist oder Ähnliches), und verabschieden Sie sich, mit dem Hinweis, wann in etwa Sie sich melden werden.

Oder

- Rufen Sie mit einem konkreten Vorschlag an. Fragen Sie auf keinen Fall die Frau, wann, wie und wo sie sich mit Ihnen treffen möchte, sondern machen Sie einen Vorschlag!

Tipps für Frauen

- Wenn sich ein Mann nicht innerhalb von sechs Tagen gemeldet hat, vergessen Sie ihn.
- Ja, es kann sein, dass er sehr beschäftigt ist – aber wenn ein Mann länger als sechs Tage zu beschäftigt ist, um Sie anzurufen, dann hat er Sie nicht verdient.
- Ja, es kann sein, dass er unsicher ist, wann er Sie anrufen soll. Verabreden Sie sich mit einem sicheren Mann. Der weiß das – und noch eine Menge mehr.
- Ja, es kann sein, dass er die Nummer verloren hat. Dann ist er allerdings ein Trottel – möchten Sie wirklich einen Trottel daten?
- Ja, es könnte sein, dass ihm was passiert ist. Wie hoch ist diese Chance? Geben Sie es zu – das ist nur die Verzweiflung, die aus Ihnen spricht.

Oder die Antwort ist eine von diesen:

- Er hat es sich anders überlegt, mit anderen Worten: Er ist ein Idiot.
- Er ist ein Typ, der so viele Eroberungen aufweisen kann, dass er eine zweiwöchige Warteliste hat (also ein Idiot).
- Er steht einfach nicht auf Sie (der Idiot!).

Liebe Männer, bitte nehmen Sie mir diesen letzten Absatz nicht allzu übel – aber machen Sie sich bewusst, dass eine Frau durch die Hölle geht, wenn Sie auf den Anruf eines Mannes wartet, der ihr gefällt. Spätestens nach vier Tagen weiß jede ihrer Freundinnen davon und sie beratschlagen gegenseitig in

mehrstündigen Sitzungen, was der Grund sein könnte und ob sie ihn anrufen kann und soll.
Frauen möchten sehr gerne verstehen, warum ein Mann sie nicht anruft und verschwenden wertvolle Zeit und Lebensenergie mit diesen Gedanken.
Wenn Sie eine Frau sind und gerade vergeblich auf den Anruf eines Mannes gewartet haben und sich jetzt fragen, was das soll: Es soll Ihnen sagen, dass Sie Ihren Rest Stolz und Würde in ein nettes Outfit packen und ausgehen sollen. Und dann dabei einen Mann kennenlernen, der Sie verdient hat und Sie am übernächsten Tag anruft, um Ihnen zu sagen, dass er nicht mehr schlafen kann, weil er dauernd an Sie denken muss.

Der richtige Ort

Wenn Sie darüber grübeln, wo und wie Sie sich zum ersten Mal treffen sollten, halten Sie eventuell zwei oder drei Varianten parat, von denen Sie zwei zur Auswahl bieten.
Denken Sie darüber nach,

- ob Sie sich erst mal nur „beschnuppern" oder gleich richtig „daten" wollen,
- zu welcher Tageszeit beziehungsweise auch an welchem Wochentag Sie sich treffen mögen,
- was Sie miteinander unternehmen könnten,
- wie mobil Sie beide jeweils sind.

Für ein allererstes beziehungsweise ein Blind Date – also ein Treffen auf eine Anzeige oder ein Online-Dating – empfiehlt es sich, die Verabredung auf eine Stunde zu begrenzen:

Sollte sich Ihr Date als Reinfall entpuppen, müssen Sie wenigstens keine Ausrede erfinden, um das Treffen zu beenden. Falls Sie nah beieinander wohnen oder arbeiten, könnten Sie sich auch in der Mittagspause sehen.

Wenn Sie sich schon kennen und etwas sicherer sind oder einer von Ihnen einen längeren Weg auf sich nehmen muss für das Treffen, sollten Sie etwas zusammen unternehmen, das zu Ihren Interessen passt. Das könnte ein Museumsbesuch, ein Bootsausflug, ein Kochkurs, ein Spaziergang oder etwas Ähnliches sein. Der Vorteil gegenüber einem Treffen im Café ist, dass man etwas erlebt, worüber man sich auch gleich unterhalten und den anderen „in Aktion" erleben und betrachten kann. So wirkt das Ganze weniger wie ein „Bewerbungsgespräch" und gibt gleichzeitig sogar mehr Aufschluss über die Person.

Erfolgreiche Vertriebsleute geben Ihren Kunden immer zwei Alternativen – ein Mensch fühlt sich wohl, wenn er wählen darf. Doch natürlich bieten beide Alternativen ein Treffen an – entweder am Donnerstag oder am Sonntag. Entweder Spazierengehen oder Kino …

Sollte Ihr Gegenüber keine der Alternativen annehmen können, fragen Sie nach einem Gegenvorschlag. Kommt daraufhin nicht viel, müssen Sie leider davon ausgehen, dass Sie doch nicht so gut angekommen sind, wie Sie dachten.

Wenn Sie doch noch etwas Positives daraus ziehen möchten: Nehmen Sie Ihren Mut zusammen und fragen Sie nach, was Sie falsch gemacht haben oder woran es liegt (bitten Sie um Ehrlichkeit). Mit etwas Glück bekommen Sie so wenigstens noch ein hilfreiches Feedback für den nächsten Flirt.

ZUSAMMENFASSUNG:

- Finden Sie heraus, ob aus einem „Flirt“ ein „Date“ werden kann, indem Sie Ihr Gefallen kommunizieren und dann einen Vorschlag machen.
- Männer sollten Frauen nicht am selben, aber innerhalb von einem bis vier Tagen anrufen.
- Wenn ein Mann eine Frau nicht innerhalb von sechs Tagen anruft, ist sein Interesse an ihr nicht groß.
- Der Mann sollte einen Vorschlag für die Frau haben, wann und wo er sie gerne treffen möchte. Ein Blind Date sollte zunächst immer auf eine Stunde begrenzt sein.

Das erste Date

„Das erste Mal, als wir uns trafen, haben wir uns gehasst.“ – „Du hast mich nicht gehasst, ich habe dich gehasst. Bei unserer zweiten Begegnung hattest du mich schon vergessen.“ – „Das ist nicht wahr, ich hab mich an dich erinnert. Als wir uns zum dritten Mal trafen, sind wir Freunde geworden.“ Aus: Harry und Sally

Sie haben es geschafft – Sie haben ein Date! Herzlichen Glückwunsch!

Sind Sie sich in den wichtigen Dingen einig und sympathisch, sind es jetzt nur noch Kleinigkeiten, die über „Sieg“ oder „Neustart“ entscheiden. Jeder Mensch ist anders und so wird auch jede Verabredung anders verlaufen. Entscheiden Sie daher individuell, was Ihnen angemessen erscheint, und nutzen Sie meine Hinweise einfach als Wegweiser.

Im Laufe dieses Buches haben Sie sich schon ein paar Mal mit „selbsterfüllenden Prophezeiungen", positivem Denken und Mentaltraining befasst. Das können Sie auch für Ihre Verabredung anwenden: Stellen Sie sich Ihr Date vorab vor – erträumen Sie sich, wie Sie es sich wünschen. Stellen Sie sich vor, was Sie tragen werden, wohin Sie gehen und worüber Sie sich unterhalten. Gehen Sie im Geiste einmal durch, wie dieses Treffen für Sie optimalerweise verlaufen könnte. Fügen Sie Ihren Affirmationen eine speziell für Ihr Date hinzu, um sich in eine positive Grundstimmung zu versetzen.
Werfen Sie auch spätestens zu diesem Zeitpunkt einen kritischen Blick in Ihren Kleiderschrank: Haben Sie Ihr vorteilhaftestes Outfit bereits getragen, sodass es in die Wäsche muss, oder ist ohnehin eine Generalüberholung fällig? Achten Sie darauf, dass Sie zu Ihrer Verabredung etwas anhaben, in dem Sie sich absolut attraktiv und wohlfühlen und dass diese Kleidungsstücke in tadellosem Zustand sind.

Wohnst du noch ...

Wie sieht es in Ihrer Wohnung aus? Zwar ist es nicht unbedingt die Regel, aber es kann passieren, dass Sie noch auf einen Absacker bei Ihnen zu Hause landen. Heißt Ihr Zuhause Gäste willkommen oder will man lieber rückwärts wieder raus? Eine typische „Junggesellenbude" oder ein „Mädchenzimmer" können auch abschreckend wirken. Versuchen Sie, sich Ihre Verabredung in Ihren vier Wänden vorzustellen – wenn Ihnen das nur schwer gelingen mag, wird es spätestens jetzt Zeit, etwas zu unternehmen.

Machen Sie Großputz, misten Sie aus, hängen Sie endlich die Lampe auf, werfen Sie die Trockenblumen des Exfreundes weg und vor allen Dingen: Entfernen Sie Kuscheltiere aus dem Schlafzimmer. Man weiß ja nie! Sollten Sie unsicher oder überfordert sein, was das angeht, suchen Sie in den Gelben Seiten oder im Internet nach einem Putzdienst oder einer Einrichtungsberatung. Unter dem Stichwort „Wohnkosmetik" finden Sie in verschiedenen Städten eine Mischung aus beidem: Ein/e gute/r „Wohnkosmetiker/in" (meist sind es Damen) berät Sie und fasst gleich mit an – meist reicht schon ein einziger Tag mit einer solchen Wohn- und Putzexpertin, um Ihre Wohnung gemütlich, ansprechend und „besuchsfein" für lange Zeit zu bekommen.

Wo sind Sie verabredet?

Zu einem Spaziergang: Achten Sie darauf, nicht in allzu entlegene Gegenden zu spazieren. So gut kennen Sie Ihr Date ja noch nicht und keiner soll sich unwohl fühlen. Legen Sie sich Alternativen zurecht, falls das Wetter nicht mitspielt, und planen Sie vielleicht eine kleine Überraschung ein. Gibt es zum Beispiel einen Aussichtspunkt, ein nettes Café oder zaubern Sie plötzlich eine kleine Stärkung hervor? Alles, was überraschend ist, erhöht den Romantikfaktor!

In einem Café: Treffen Sie sich nicht in Ihren Stammcafés, wo Sie jeder kennt, Freunde und Bekannte plötzlich am Tisch stehen oder auch ein misslungenes Date vor den Augen aller geschieht – und im schlimmsten Fall der Mensch, der Ihr Herz nicht erobert hat, in Zukunft dennoch öfter mal vorbeischaut.

In einem Restaurant: Stellen Sie sicher, dass es ein Restaurant ist, das sowohl Ihnen als auch Ihrer Verabredung entspricht und reservieren Sie einen ruhigen Tisch. Bestellen Sie auf keinen Fall automatisch dasselbe wie Ihr Date – das wirkt anbiedernd. Wenn es so ist, nutzen Sie diese Gelegenheit zu einer kleinen Flirtzweideutigkeit: „Sieht aus, als hätten wir beide einen guten Geschmack!"

Im Theater oder Kino: Der Besuch einer Vorführung ist zunächst nicht besonders kommunikativ, bietet aber reichlich Gesprächsstoff im Anschluss. Sorgen Sie also dafür, dass Sie nach der Vorstellung nicht unschlüssig auf dem Gehweg herumstehen, sondern halten Sie eine nette Lokalität in der Umgebung in Petto, wo man sich vielleicht bei ein paar Häppchen über das gerade Gesehene unterhalten kann.

Im Museum, in einer Ausstellung oder Ähnlichem: Auch hier bietet sich Gesprächsstoff an, den man jedoch direkt verarbeiten darf. Schön ist es, wenn Sie eine Balance schaffen zwischen Gesprächen mit Bezug zum gerade Erlebten und Ihrem Leben beziehungsweise dem Ihres Dates. Während Sie zum Beispiel ein Bild eines Sommertages betrachten, könnten Sie fragen, was der schönste Sommertag im Leben Ihres Dates war und sich gegenseitig etwas aus Ihrem Leben erzählen.

Womit wir direkt beim nächsten wichtigen Thema wären:

Worüber sollte man sprechen?

Bei einer Verabredung geht es darum, sich näherzukommen. Nehmen Sie dieses „Näherkommen" wörtlich und fallen Sie

nicht mit der Tür ins Haus – bleiben Sie aber auch nicht davor stehen und wagen sich nicht hinein …
Eine Begegnung zwischen zwei Menschen passiert in aller Regel in drei ineinandergreifenden Phasen:

Phase 1 – Small Talk

In Phase 1 geht es eher darum, zu sehen, wie das Gegenüber sich verhält und auf mich reagiert. Hinsichtlich der Kommunikation gibt es eher Small Talk mit persönlichen „Einstreuungen". Sie erfahren, wie es um Humor, Intelligenz, Redegewandtheit, Aufgeschlossenheit und Interesse steht. Auch der Klang der Stimme meines Redepartners ist in dieser Phase ein wesentlicher Faktor, der zur Sympathie beiträgt – oder eben nicht.
Achten Sie selbst einmal darauf, wie sehr die Art des Vortragens sich auf Ihr Befinden auswirkt: Wenn jemand nuschelt, sehr leise spricht, eine unangenehme Stimme hat, hektisch oder verzweifelt redet, kann der Inhalt noch so klug sein – man hört nicht gerne hin. Andere Menschen haben eine so angenehme, schöne Stimme, dass man sich von Ihnen auch das Telefonbuch vorlesen lassen würde. Gewöhnen Sie sich an, deutlich und klar, aber ruhig zu sprechen.
Achten Sie auch auf Ihre Atmung. Ganz gleich, wie charmant Sie sein können, es kommt nicht an, wenn das Transportmittel für Ihre Worte wie ein Panzer rattert oder Ihr Gegenüber fast einschläft.
Es ist also nicht nur der Inhalt, sondern auch die Art und Weise, die entscheiden kann, ob Sie sich näher kommen.

Als Themen für Phase 1 sind angenehme, leichte wie Freizeit, Hobby, Bücher, Filme und Musik geeignet. Damit verbindet Ihr Gesprächspartner sicher auch Erinnerungen und Gefühle, die sich praktischerweise auch auf das Gefühl zu Ihrem Treffen übertragen. Stellen Sie offene Fragen, die man nicht mit „Ja" oder „Nein" beantwortet, sondern dazu verleiten, etwas mehr zu erzählen.

Viele Menschen wundern sich, dass sie in Gesprächen nur schwer von der Sachebene wegkommen und im Small Talk hängen bleiben, ohne persönlich zu werden. Sie bleiben in dieser ersten Stufe hängen und sie wissen nicht, wie es weiter geht.

Phase 2 – Persönliches

In Phase 2 wird es persönlicher, hier geht es um Inhalte wie zum Beispiel persönliche Werte und Wünsche sowie das eigene Weltbild und die Einstellung zu Freundschaft und Familie.

Eine gute Möglichkeit, von ersten Phase und den eher oberflächlichen, leichten Themen zu Phase 2 überzuleiten, sind Fragen nach dem „Warum":

- Was fasziniert dich an diesem Land?
- Wo liegt der Reiz bei diesem Hobby für dich?
- Was hat dir in diesem Film am besten gefallen?
- Warum liebst du diesen Schriftsteller/dieses Buch?
- Welche Platte von dieser Band magst du am meisten und warum?
- Was muss ein Film haben, damit er dir gefällt?
- Wie sieht ein perfekter Urlaub für dich aus?

Über eine Geschichte aus dem letzten Urlaub kommt man recht gut zu Freunden, mit denen man verreist oder Leidenschaften, die man hat. Achten Sie darauf, dass aus diesem Gespräch kein Verhör wird. Wenn Sie merken, dass Sie eigentlich permanent erzählen, dann stellen Sie Gegenfragen: „Wie ist das bei dir? Erzähl mal von deinen Erfahrungen damit" und so weiter. Wenn Sie selbst das Gefühl haben, dass Ihr Gegenüber viel redet und sich kaum für Sie interessiert: Sehen Sie es nicht allzu eng – viele Menschen sind gerade beim ersten Date so aufgeregt und haben Angst, dass Sie uninteressant erscheinen könnten, sodass Sie gerne mal übers Ziel hinausschießen. Lassen Sie sich also ruhig eine Weile unterhalten – irgendwann wird sich Ihr Gegenüber beruhigen und Sie sind dran. Wenn Sie sich allerdings langweilen, weil es um Themen geht, die für Sie uninteressant sind, lassen Sie das anklingen!

Vor allem Männer verfallen in Phase 2 leicht in das Muster, sich beweisen zu müssen. Da sie unsicher sind, worüber man am besten reden könnte, bleiben Sie bei Themen, in denen sie sicher sind. Meistens ist das ihr Job oder – falls vorhanden – ein leidenschaftlich betriebenes Hobby. Und die Frau ist irgendwann nur noch gelangweilt … Stellen Sie eine andere Frage, führen Sie zu einem anderen Thema. Sagen Sie beispielsweise so etwas wie: „Das scheint sehr wichtig für dich, was treibst du, wenn du nicht XY machst?", „Woran hast du sonst Spaß?", „Lass uns über etwas anderes reden – magst du >>neues Thema<<?", „Ich kenne dieses Gefühl aus einer ganz anderen Ecke. Bei mir ist das …"

Phase 3 – Gefühle

Das Stichwort Gefühl leitet uns in Phase 3 – es wird intimer. Sie sitzen einem Menschen gegenüber, für den Sie Gefühle haben oder aufbauen möchten und ihm/ihr soll es ebenso gehen. Sprechen Sie also über Gefühle!

Sprechen Sie darüber, wie Sie sich gefühlt haben, als Sie zum ersten Mal etwas getan haben, als Sie zum letzten Mal etwas erlebt haben, wenn Sie etwas tun, das Sie lieben und so weiter. Gespräche über Gefühle lösen Gefühle aus, erinnern an bestimmte Gefühle und lassen ein Gespräch interessant und intim werden. Ein erstes Treffen, das bereits Anklänge von Phase 3 hat und mit der Erinnerung an positive Gefühle bei beiden Beteiligten endet, wird sicher eine Fortsetzung finden.

Hier noch ein paar weitere wichtige Tipps:

- Vergessen Sie nicht, Ihrem Gegenüber in die Augen zu sehen, wenn Sie mit ihm/ihr sprechen.
- Suchen Sie Körperkontakt: Wenn Sie zum Beispiel einmal zur Toilette gehen, legen Sie Ihre Hand auf den Arm des Gesprächspartners, während Sie sagen „Entschuldige mich bitte kurz, ich muss komme gleich wieder“, oder legen Sie Ihre Hand auf die Schulter und sagen Sie scherzhaft so etwas wie „Nicht weglaufen, ja!?“
- Seien Sie nicht in allem einer Meinung, wenn es in Wirklichkeit gar nicht so ist. Ein Gespräch, das von einer Seite nur mit „Ja, das geht mir auch so“ oder „Stimmt, find ich auch“ geführt wird, ist nicht besonders aufregend.

- Fallen Sie Ihrem Date nicht ins Wort oder korrigieren Sie permanent.
- Wenn Sie ein längeres Treffen haben – bleiben Sie nicht nur an einem Ort, sondern gehen Sie vielleicht noch woanders hin, um die Atmosphäre zu verändern.
- Begeisterung begeistert, Interesse macht interessant. Auch wenn Sie völlig unterschiedliche Hobbys haben, könnte Ihre Begeisterung für Ihr Hobby Sie mit Ihrem Gegenüber einen: Mir geht es mit dem Skifahren genau wie dir mit dem Rennrad … Und schon sind Sie wieder bei den Gefühlen. Begeistern Sie sich und begeistern Sie damit Ihr Gegenüber für sich. Interessieren Sie sich für Ihren Gesprächspartner, seine Gefühle und seine Motive und werden Sie selbst interessant.

Was Sie tun könnten, damit es auf jeden Fall danebengeht

- Schlagen Sie für das erste Treffen ein Schnellrestaurant vor.
- Reden Sie nur von sich.
- Machen Sie klar, was Sie in Zukunft auf keinen Fall mehr für Ihren Partner tun.
- Fragen Sie Ihr Gegenüber aus – am besten über seine Vermögensverhältnisse.
- Kommen Sie zum Treffen wahlweise zu spät, verschwitzt, mit Tennissocken zu dunklen Hosen und Schuhen, schlecht gelaunt – oder eine Kombination aus alledem.
- Erzählen Sie hingebungsvoll von Ihren Krankheiten, Ihren Jobproblemen, dem Streit mit Ihrer Mutter oder was Sie sonst noch an Ärgernissen plagt.

- Erzählen Sie, wie gemein Ihr Expartner zu Ihnen war und was Sie doch für ein armes Menschenkind sind.
- Teilen Sie Ihrem Date möglichst umgehend mit, welches Sternzeichen Sie sind und was warum am besten oder gar nicht zu Ihnen passt.
- Telefonieren Sie während des Dates oder verschicken Sie SMS.
- Geben Sie Ihre Meinung und Prognose zur politischen oder zur weltwirtschaftlichen Lage ab und begründen Sie diese ausführlich.
- Lästern Sie über andere Gäste, seien Sie unfreundlich zum Servicepersonal und erzählen Sie, was Ihnen bei Ihrem letzten Date passiert ist.
- Reden Sie in der ersten halben Stunde direkt über Geld, Religion, Politik, Krankheit, Tod, Sex und Expartner.
- Rechnen Sie Ihre Getränke oder generell die Restaurantrechnung auseinander oder bestehen Sie auf „getrennt!".
- Stellen Sie die ganze Zeit über geschlossene Fragen, die Ihr Gegenüber nur mit Ja oder Nein beantworten kann.

Die Schweizer Autorin Gertrud Hirschi hat eine kleine Box auf den Markt gebracht, die Sie im Buchhandel erwerben können. Sie heißt „Table Talk" und enthält 111 Karten mit guten Fragen für das nähere Kennenlernen. Wenn Sie unsicher sind, welche Fragen Sie stellen können, bekommen Sie damit bestimmt ein paar Anregungen und ein gutes Gefühl dafür.

Wie Sie ein Date beenden

Wenn Ihr Gegenüber für Sie wirklich interessant ist, dann trennen Sie sich dennoch nicht allzu spät – heben Sie sich noch etwas für das nächste Mal auf!

Die Gleichberechtigung hat uns für das erste Date auch eine neue Aufgabe beschert – die Frage, wie das Bezahlen geregelt ist. Früher war es selbstverständlich, dass der Mann die Frau bei einer Verabredung einlud. Heute sind die meisten Männer unsicher, wie sie das handhaben sollen, die Frauen allerdings auch. Das führt dann häufig auch nach einem schönen Treffen zu unliebsamen Missverständnissen.

- Sagt der Mann „Zusammen!", sagt sie: „Nein, nein, das ist nicht nötig!"
- Sagt der Mann „Getrennt!", denkt sie: „Was für ein Geizhals!"
- Sagt der Mann „Ich weiß nicht?", denkt sie: „Oh je, so ein Weichei!"

Sagen wir doch einfach, wir schließen einen Kompromiss: Beim ersten Date lädt der Mann die Frau ein. Wenn die Frau protestiert, sagt der Mann freundlich, liebevoll, aber mit Nachdruck: „Sei so nett, mach mir die Freude – ich möchte dich sehr gerne einladen!" oder er sagt: „Nein, das erste Date geht immer auf den Mann, wenn du willst, bist du beim nächsten Mal dran!"

Das akzeptiert die Frau dann – und besteht beim nächsten Mal darauf, dass sie nun den Mann einlädt, indem sie ihm augenzwinkernd sagt: „Nein, diesmal bin ich dran – wir leben im 21. Jahrhundert, da darf man das als Frau!"

Dieses Pingpong können Sie dann spielen bis in alle Ewigkeit – doch sicher werden Sie hoffentlich spätestens an Ihrem dritten Hochzeitstag durcheinander gekommen sein, wer wen wann eingeladen hatte und jetzt dran ist …

Letzte Worte

Doch bevor es soweit ist: Geben Sie Ihrem Date zum Abschied auf jeden Fall Ihren Eindruck mit:
Wenn Ihnen das Date nicht gefallen hat, dürfen Sie das auch sagen. Oder seien Sie wenigstens so ehrlich zuzugeben, dass Sie Ihrer Meinung nach nicht so gut zusammenpassen. Geben Sie sich Zeit, aber verschwenden Sie sie nicht – vor allem nicht mit einem Menschen, mit dem Sie die gemeinsam verbrachte Zeit nicht genießen konnten.
Wenn Sie sich noch nicht sicher sind, sagen Sie, dass Ihnen das Date gefallen hat, und fragen Sie Ihr Gegenüber, ob Sie sich wiedersehen sollten. Wenn Ihre Verabredung sich und Ihnen noch eine zweite Chance geben möchte, sollten Sie das auch tun.
War das Date für Sie ein Volltreffer, dann kommunizieren Sie das auch. Sagen Sie, dass Ihnen das Treffen viel Spaß gemacht hat und es gerne wiederholen möchten.
Fragen Sie, wer wen anrufen soll, um Missverständnisse zu vermeiden oder machen Sie direkt einen konkreten Vorschlag, wie zum Beispiel: „Nächste Woche läuft der neue James Bond in den Kinos an – hast du Lust, den Film mit mir zu sehen?" oder erzählen Sie von einem Ort, den Sie besonders mögen, und schlagen Sie vor, zusammen dorthin zu gehen. Ich habe zum Beispiel ein Lieblingsbild in der Hamburger Kunsthalle,

das man sehr lange betrachten kann und dabei immer wieder neue Details findet. Ein Mann, der darauf nur einen kurzen Blick wirft und nach zwei Minuten weiter möchte, wird nie die Geduld haben, mit mir auf Dauer leben zu können.
Wenn Sie sich also wirklich für einen Menschen interessieren, dann konfrontieren Sie ihn alsbald mit Dingen, die Sie lieben oder die Ihnen wichtig sind, und sehen Sie, ob er/sie das zu schätzen weiß oder Ihre Gefühle dazu nachvollziehen kann. Ein sehr einfacher, aber absolut zuverlässiger Test.
Vergleichen Sie nach einem Date den Verlauf und die Person ruhig noch mal mit Ihren Wünschen und Anforderungen aus den ersten Kapiteln dieses Buches. Wenn die grundsätzlichen Dinge passen, steht einem zweiten Date nichts mehr im Wege.

ZUSAMMENFASSUNG

- Wählen Sie einen günstigen Ort für die erste Verabredung und sorgen Sie dafür, dass Ihre Kleidung angemessen und Ihre Wohnung auf spontane Besuche vorbereitet ist.
- Achten Sie auf das 3-Phasen-Modell des Kennenlernens und kommen Sie sich näher.
- Sprechen Sie über Themen, die mit positiven Gefühlen verbunden sind und halten Sie die Balance zwischen erzählen und zuhören.
- Sprechen Sie über Gefühle, zeigen Sie Interesse und begeistern Sie sich.

Seien Sie ehrlich – auch zu sich selbst! Das zweite, dritte, vierte Date

Das große Glück in der Liebe besteht darin,
Ruhe in einem anderen Herzen zu finden.

Jeanne Juli de Lespinasse, Literatin

Ein zweites Date ist ein gutes Zeichen – es zeigt, dass beide Menschen aneinander interessiert sind und sich mehr Zeit für eine weitere Annäherung geben. Sehr wichtig ist, dass diese Annäherung auch stattfindet.

Ein Mann, der sich auch beim dritten Date immer noch auf höfliche Konversation beschränkt, hat in den Augen der Frau nicht verstanden, worum es geht. Keine Frau trifft sich dreimal mit einem Mann, wenn sie nicht wirklich Interesse an ihm hat. Sollte dieses Interesse rein freundschaftlicher Natur sein, dann wird sie ihm das spätestens beim dritten Treffen sagen. Tut sie das nicht, dann erwartet sie auch mehr als das. Doch – eins nach dem anderen:

Beim ersten Treffen sollten Sie wie im letzten Kapitel beschrieben, die dritte Phase des Kennenlernens vielleicht schon berührt haben. Beim zweiten Treffen geht es dann darum, die ersten beiden Phasen sozusagen im Schnelldurchlauf zu wiederholen und den Fokus auf diese dritte Phase zu legen:

Sie begrüßen sich – vielleicht auch schon etwas intimer als beim ersten Mal. Sagen Sie Ihrem Date, wie sehr Sie sich auf das Treffen gefreut haben oder dass Sie sich freuen, ihn/sie zu sehen. Betreiben Sie zunächst ein wenig Small Talk. Fragen Sie nach Dingen, über die Sie beim letzten Date gesprochen haben. Zum Beispiel:

- „Hast du das Buch weiter gelesen? Was ist passiert – wie hat es sich entwickelt?
- „Wie war diese Prüfung/Präsentation/das Gespräch von dem du neulich erzählt hast?"
- „Warst du in der Zwischenzeit schon wieder … (Bezug auf Hobby oder Ähnliches)?"

Erzählen Sie etwas, das Ihnen eingefallen ist zu einem Thema, das Sie beim letzten Mal hatten:

- „Ich habe neulich noch mal drüber nachgedacht, was du gesagt hast über …"
- „Mir ist gerade diese Woche etwas Ähnliches passiert, wo ich an dich denken musste …"
- „Das Buch/der Film, von dem du mir erzählt hast, hat mich neugierig gemacht …"

Beginnen Sie dann ruhig auch, kleine Zukunftsvisionen in Ihr Gespräch einzustreuen: Wenn Sie zum Beispiel über ein Urlaubsland sprechen, für das Sie schwärmen, sagen Sie Ihrem Gegenüber zum Beispiel: „Da würde ich gerne mal mit dir hinfahren" oder „Ich würde dir XY sehr gerne mal zeigen" oder „Ich hätte Lust, mit dir XY zu unternehmen." Beschreiben Sie also eine Situation in der Zukunft, die Ihr Gegenüber sich vorstellen kann – mit Ihnen zusammen, das schafft eine gute Verbindung zwischen Ihnen beiden.

Fragen Sie auch beispielsweise nach Kindheitserinnerungen, Träumen oder Visionen und erzählen Sie von dem, was Sie bewegt oder beschäftigt.

Für ein drittes Date können und dürfen Sie dann auch ein Treffen bei sich zu Hause vorschlagen, damit Sie sich besser kennenlernen können. Ist Ihr Date damit einverstanden, ist das Interesse eindeutig, und Sie befinden sich auf dem besten Wege, Ihr Singledasein zu beenden.

Beim dritten Date dürfen Sie sich gerne darüber unterhalten, ob Sie beide sich etwas Gemeinsames vorstellen könnten. Fallen Sie auch hier wieder nicht mit der Tür ins Haus – Sie können sich ebenso wieder vorantasten, indem Sie den anderen wissen lassen, wie sehr Sie die ersten beiden Treffen genossen haben, dass Sie sich sehr wohl fühlen mit ihm/ihr, und fragen Sie, wie er/sie das sieht. Überstürzen Sie nichts, aber machen Sie sich klar, dass Ihr Gegenüber vielleicht auch unsicher ist und auf Signale von Ihnen wartet, um die eigenen Gefühle und Bedürfnisse einzuordnen und sich in eine bestimmte Richtung zu orientieren.

Meine Erfahrungen und viele Gespräche mit Klienten und Freunden in den letzten Jahren haben eindeutig bestätigt: Spätestens beim dritten Date entscheiden wir uns zwischen Bekanntschaft, Freundschaft und Partnerschaft.

- Lädt eine Frau beim dritten Date den Mann zu sich nach Hause ein, dann erwartet sie von ihm in aller Regel, dass er das als Zeichen für Interesse an „mehr als Freundschaft“ erkennt.
- Kein Mann trifft sich dreimal mit einer Frau zum Date, wenn er kein Interesse an ihr hat.

Die erste Kennenlernphase wird gesteuert von Neugier – es geht um gegenseitige Sympathie, Echtheit und Autonomie. Passt der Mensch zu mir, hat er etwas, das ich aufregend und erforschenswert finde? Lernen Sie in dieser Phase, Sie selbst zu bleiben und nicht dem anderen unbedingt gefallen zu wollen. In der dann hoffentlich folgenden Verliebtheitsphase macht sich Euphorie breit. Schmetterlinge tanzen im Bauch und man schwebt auf Wolke Sieben. Achten Sie in dieser Zeit auch darauf, nicht nur Nähe, sondern hin und wieder auch etwas Abstand zu suchen, um nicht gänzlich dem Rausch zu verfallen oder den anderen unabsichtlich zu überfordern. Gerade in dieser Phase ist ein klein wenig Abstand eine gute Gelegenheit, sich selbst und die beginnende Beziehung noch einmal zu betrachten und den Partner auf seine „Eignung“ zu prüfen.

Stellen Sie sich noch einmal folgende Fragen:

- Hat er (oder in allen folgenden Beispielen auch immer sie) Hobbys und Interessen, die ihn erfüllen, oder sucht er das nur bei mir, weil er selbst keine wirklichen Leidenschaften hat?
- Hat er ein positives Verhältnis zu seiner Arbeit oder wenigstens einen Plan, wie er das in Zukunft bekommt?
- Hat er dieselben partnerschaftlichen Ziele, zum Beispiel was den Kinderwunsch, die Art der Beziehung, Einstellung zu Treue angeht wie ich?
- Fühlen wir uns sexuell voneinander angezogen?
- Interessiert er sich für mich und mein Leben und freut er sich mit mir über Erfolge?
- Kann er über seine Gefühle sprechen und damit umgehen?

- Kann er Kompromisse machen und auch mal einen Fehler eingestehen?
- Spricht er positiv über sich und andere?
- Hat er eigene Freunde?
- Ist er bereit, mich so zu nehmen, wie ich bin?
- Spricht er von einer gemeinsamen Zukunft und bemüht sich darum, mich auch in sein Leben (Familie, Freunde etc.) zu integrieren?

Wenn Sie all diese Fragen ehrlich und direkt mit einem klaren „Ja" beantworten können: Herzlichen Glückwunsch!
Sie sind jetzt auf dem Weg, den Sie sich gewünscht haben. Auch dieser Weg kann manchmal holprig sein oder sich ein wenig winden. Aber wenn Sie ihn aufrecht und mit Liebe – vor allem zu sich selbst – gehen, haben Sie die besten Voraussetzungen für ein glückliches Leben in einer Partnerschaft.

Ich wünsche Ihnen Liebe!

Danke!

Ich danke den Menschen, die mir dabei geholfen haben, ein so glückliches Leben führen zu dürfen und andere Menschen zu inspirieren. Allen voran danke ich meinen Kursteilnehmern und Coachingklienten für ihr Vertrauen und alles, was ich von ihnen lernen durfte – im Grunde danke ich allen meinen ehemaligen Partnern ebenfalls genau dafür.

Ich danke meinen Eltern, Hans und Eva-Maria Deißler, dass sie mir in ihrer inzwischen fast 40-jährigen Partnerschaft stets ein positives Vorbild dafür waren, wie man eine dauerhafte und liebevolle Ehe führt. Sie haben mir damit das nötige Vertrauen in die Liebe zwischen zwei Menschen mitgegeben.

Ich danke all meinen lieben Freunden, die immer zu mir standen und schon stolz auf mich waren, als ich noch „eine Kommunikationstrainerin mit einer verrückten Idee" war. Mein Dank gebührt allen Menschen, die mich auf meinem Weg begleitet haben: sei es als Unterstützer wie beispielsweise Karl Deißler, Karl-Heinz Höfel, Henner Ziegenberg, Günther Weber, Ulli Fricke, das Team von Enigmah Hamburg, Ambika Kempers, Christian Voß, Stefan Meckermann, die hier nur als Beispiele genannt sein mögen, seien es die Zweifler und Gegner, die mich fast ebenso stark motivierten (aber lieber nicht genannt werden sollen).

Ein weiteres dickes Dankeschön gilt Mark Wachsmann bei humboldt für sein Vertrauen, Lars Schultze-Kossack für seine

Unterstützung und Nathalie Röseler für ihre Nachbearbeitung meiner Texte und die heiteren Telefonate und E-Mails.
Und „last, but not least“ eine große Umarmung an den ganz besonderen Menschen in meinem Leben, meinen wundervollen Ehemann: Lieber Claudius, danke für deine Liebe, deine Unterstützung und dein grenzenloses Vertrauen in mich!

Bücherliste

Persönlichkeit und Psychologie

Nathaniel Branden: „Die 6 Säulen des Selbstwertgefühls: Erfolgreich und zufrieden durch ein starkes Selbst“

Siegfried Brockert: „Du sollst dich lieben. Das neue Menschenbild der Positiven Psychologie“

Paul Watzlawick: „Anleitung zum Unglücklichsein“

Dr. Joseph Murphy: „Die Macht der Suggestion: Wie Sie Ihre Vorstellungskraft entwickeln“

Heinz-Peter Röhr: „Vom Glück sich selbst zu lieben. Wege aus Angst und Depression“

Eva Wlodarek: „Go! Mehr Selbstsicherheit gewinnen“

Eva-Maria Zurhorst: „Liebe dich selbst und es ist egal wen du heiratest“, „Schöner Leben und Glück“

Dale Carnegie: „Sorge dich nicht lebe!“

Paulo Coelho: „Handbuch des Kriegers des Lichts“

Francois Lelord: „Hectors Reise oder: Die Suche nach dem Glück“

Werner Tiki Küstenmacher, Lothar J. Seiwert: „Simplify your life: Einfacher und glücklicher leben“

Partnerschaft und Partnersuche

Hermann Meyer: „Jeder bekommt den Partner den er verdient – ob er will oder nicht“

John Selby: „Die Liebe finden: Wie Sie Ihrem Wunschpartner begegnen“

Thomas Kornbichler: „Die Kunst, sich in den richtigen zu verlieben"

Holger Schlageter, Patrick Hinz: „Love Academy – In 10 Schritten zu einer glücklichen Beziehung"

John Gray: „Mars, Venus und Partnerschaft"

Michael Lukas Möller: „Wie die Liebe anfängt: Die ersten drei Minuten"

Michael Lukas Möller: „Die Wahrheit beginnt zu zweit: Das Paar im Gespräch"

Byron Katie: „Ich brauche deine Liebe – stimmt das? Liebe finden, ohne danach zu suchen"

Eric Berne: „Spielarten und Spielregeln der Liebe: Psychologische Analyse erfüllter Partnerschaft"

Chuck Spezzano: „Wenn es verletzt, ist es keine Liebe: Die Gesetzmäßigkeiten erfüllter Partnerschaft"

Maria Klein: „Liebesdienste – Plaudereien aus dem Nähkästchen einer Partnervermittlung"

Männer und Frauen

John Gray: „Männer sind anders – Frauen auch.", „Männer sind vom Mars. Frauen von der Venus."

Allan Pease, Barbara Pease: „Warum Männer nicht zuhören und Frauen schlecht einparken: Ganz natürliche Erklärungen für eigentlich unerklärliche Schwächen"

Mia Ming: „Schlechter Sex: 33 Frauen erzählen von ihren lustigsten, peinlichsten und absurdesten Erlebnissen"

Flirten und Small Talk

Peta Heskell: „Der Flirt-Coach. Türen öffnen mit Charme und Esprit im Business, im Alltag und in der Liebe"

Nina Deissler: „Flirten – Wie wirke ich? Was kann ich sagen? Wie spiele ich meine Stärken aus?"

Stephan Lermer: „Small Talk – Nie wieder sprachlos."

Gertrud Hirschi: „Table Talk – 110 verblüffende Fragen für Gespräche mit Herz und Verstand"

Online-Dating

Ellen Fein, Sherrie Schneider: „flirt m@il: Die Kunst, den Mann fürs Leben im Netz zu angeln"

Heike van Braak: „Modern Dating: Internet, SMS-Chats, Speed Dating & Co. – Neue Wege für die Liebe"

Für Männer

David Deida: „Der Weg des wahren Mannes: Ein Leitfaden für Meisterschaft in Beziehungen, Beruf und Sexualität"

Lou Paget: „Der perfekte Liebhaber. Sextechniken, die sie verrückt machen"

Hauke Brost, Marie Theres Kroetz-Relin: „Wie Frauen ticken: Über 100 Fakten, die aus jedem Mann einen Frauenversteher machen"

Bernhard Roetzel: „Men's Health: Der Style-Guide: Profitipps rund ums Outfit. Die besten Looks. Die richtigen Shopping-Strategien"

Armin Fischer: „Frauen. Eine Bedienungsanleitung, die selbst Männer verstehen."

Für Frauen

Sylvia de Bejar: „Warum noch darauf warten? Sextipps für Frauen“

Hauke Brost, Marie Theres Kroetz-Relin: „Wie Männer ticken: Über 100 Fakten, die aus jeder Frau einen Männerversteher machen“

Meike Rensch-Bergner: „Das Uschi-Prinzip. Von allem nur das Beste. Wie Frauen bekommen, was sie wollen“

Hanne Seemann: „Selbst-Herrlichkeits-Training für Frauen … und schüchterne Männer“

Greg Behrendt, Liz Tuccillo: „„„Er steht einfach nicht auf dich!“. Warum Frauen nie verstehen wollen, was Männer wirklich meinen“

Lynn Hagens: „Perfekt im Bett. So machen Sie ihn beim Sex wirklich glücklich“

Dietrich Schwanitz: „Männer: Eine Spezies wird besichtigt“

Beatrice Wagner: „Männer. Die längst fällige Bedienungsanleitung.“

Björn Süfke: „Männerseelen. Ein psychologischer Reiseführer“

humboldt

... bringt es auf den Punkt.

Beatrice Wagner

Männer

Die längst fällige Bedienungsanleitung

160 Seiten,
12,5 x 18,0 cm, Broschur
ISBN 978-3-89994-163-0
€ 8,90

Männer sind eine Wissenschaft für sich. Fast jede Frau fragt sich zuweilen, warum der Partner in bestimmten Situationen so und nicht anders reagiert. Dieses Buch hat die Antworten: Es stellt unterschiedliche Männertypen vor, hilft bei Beziehungsproblemen und bietet Lösungen für versteckte Konflikte. Mit dieser Bedienungsanleitung haben es Frauen mit Männern endlich leichter!

- Praktische Tipps, voller Witz und Charme
- Das einzige Buch, das die Erfahrungen von Männern und Frauen mit den neuesten Erkenntnissen aus der Psychologie vereint

Die Autorin

Beatrice Wagner hat zahlreiche Bücher und Artikel zu den Themen Partnerschaft, Liebe und Sexualität veröffentlicht. Für diese praktische „Bedienungsanleitung" hat die promovierte Humanbiologin und Hirnforscherin Frauen und Männer aus ganz Deutschland interviewt.

Stand Dezember 2008. Änderungen vorbehalten.